숲 너머 저쪽

숲 너머 저쪽

박상주 수필집

한국산문

작가의 말

숲 너머 저쪽에서 마주한 나의 이야기

오랜 침묵 끝에 세 번째 수필집 『숲 너머 저쪽』을 세상에 내 놓는다.

삶의 어느 지점에 이르면, 문득 걸어온 길을 돌아보게 된다. 꽃잎이 떨어지는 소리에도 마음이 젖고, 바람에 흔들리는 나무 한 그루에도 인연의 결이 느껴지는 때가 있다. 이 수필집은 그 긴 여정의 한가운데서 나무와 사람, 그리고 나 자신을 다시 마주한 기록이다.

오랜 세월 교단에서 아이들과 웃고 울며 살아온 시간은 내 인생의 큰 선물이었다. 그 시절엔 매일이 새롭고 누군가의 마음에 작은 불빛을 켜주는 일이 삶의 이유였다.

교단생활을 마감하고 또 다른 비상을 꿈꾸며 문학의 숲에 들어섰던 20여 년, 문학의 멘토를 만나서 인문학과 수필쓰기에 열정을 쏟던 시간들은 축복이었다. 『한국산문』 발행인과 한국산문 작가협회 회장을 겸하면서 문학의 깊이를 더하게 되었고, 따뜻한 글벗들을 만난 일 또한 큰 기쁨이었다.

하지만 삶의 후반기에 맞닥뜨린 남편의 발병, 긴 병간호로 힘들었던 시간들, 남편과의 이별, 그리고 슬픔을 삭이며 홀로 서야 했던 날들을 지나며 나는 비로소 '침묵의 언어'를 배웠다. 말보다 더 깊은 위로를 주는 것은 자연이었다. 남산의 소나무와 청라의 소나무 숲길, 그리고 봄마다 환하게 피어나던 목련은 내게 생의 의지를 되살려준 벗이었다.

쓰는 일은 내 안의 소리를 듣는 일이다. 피정避靜의 고요 속에서, 피안彼岸처럼 멀게만 느껴지던 '참나'를 찾아가는 여정이 글이 되었다. 그래서 나는 다시 펜을 들었다. 나무처럼 묵묵히, 생명력 있게.

이 수필집에 실린 글들은 그 세월 속에서 피어난 나의 이야기이자, 내가 만난 사람들의 이야기다. 「복두의 대나무 숲」에서는 말하지 못하는 고통을 대신 들어주는 귀가 되고자 하는 소망을 담았고, 「질그릇 닮은 그녀」에서는 상처를 희망으로 바꾸는 한 어머니의 강인함을 담았다. 「내 문학의 멘토」에서는 내 글쓰기의 여정을 돌아보았고, 「숲 너머 저쪽」에서는 내면의 소리를 듣는 마음의 쉼터를 그렸다.

나는 늘 묻는다. "사람은 무엇으로 사는가?"
그 질문의 답을 찾아가는 길에서 나는 깨달음을 얻었다. 행복은 멀리 있지 않음을, 그리고 진정한 평화는 이웃의 고통에 함께 아파할 때 오는 것임을. 아프리카의 아이들이 손을 잡고 달려가며 외쳤던 "우분투ubuntu — 우리가 있기에 내가 있다"는 그 말은 내 삶의 모토motto가 되었다.

절망 속에서 힘들게 살아가는 정신장애인들과 함께 한 15년간의 글쓰기 강의는 우분투 정신에서 비롯했기에 온 마음을 다 쏟은 소중한 시간이었다. 그들이 글쓰기를 통해 고통과 상처를 치유하고 살아갈 힘을 얻었다면 더할 나위 없이 기쁜 일이다.

글을 쓰며 나는 수없이 넘어진다. 그때마다 내 안의 작은 목련이 속삭인다. "기다림은 행복이다." 그래서 나는 오늘도 한 줄의 글을 쓴다. 어제보다 조금 더 단단해진 마음으로 세상을 향해 한 줄의 문장을 피워 올린다.

이 수필집이 누군가에게 작은 위로가 되기를 바란다.

삶이 버거운 날, 잠시 걸음을 멈추고 숲 너머 저쪽을 바라보는 여유를 갖게 되기를. 그곳에는 분명 고요한 빛으로 우리를 맞이하는 '또 다른 나'가 서 있을 것이다.

이 책이 나오기까지 임헌영 교수님과 고경숙 선생님의 큰 가르침에 마음 깊이 감사드린다. 또한 든든한 동반자인 한국산문 문우들과 가족처럼 아낌없는 사랑을 보내주는 백미문학 동인들에게도 감사를 드린다.

늘 내 글의 첫 번째 독자로 조언을 해주는 삼 남매 진, 경혜, 균, 사위 김용호, 손녀 정우 그리고 표지화를 정성껏 그려준 손녀 나연에게도 사랑의 마음을 전한다.

내 글에 애정을 갖고 심혈을 기울여 수필집을 발간해 준 한국산문 김미원 출판국장님에게도 깊은 감사를 드린다.

2025년 11월 늦가을
雪岸 박 상 주

목차

작가의 말
숲 너머 저쪽에서 마주한 나의 이야기　　　　*004*

1부 / 꽃비를 맞으며

1. 꽃비를 맞으며　　　　　　　　　　　　*013*
2. 인간에게는 얼마만큼의 땅이 필요한가　　*018*
3. 목련을 마주하며　　　　　　　　　　　　*022*
4. 복두의 대나무 숲　　　　　　　　　　　　*026*
5. 자랑스러운 부시맨 닥터　　　　　　　　*031*
6. 남산의 소나무　　　　　　　　　　　　　*036*
7. 샹그릴라 신드롬　　　　　　　　　　　　*040*
8. 질그릇 닮은 그녀　　　　　　　　　　　　*044*
9. 글로 다시 만나다　　　　　　　　　　　　*050*
10. 내 마음의 고요　　　　　　　　　　　　*056*

2부 / 내 문학의 멘토

1. 내 문학의 멘토 — *062*
2. 내 발에 맞는 신 — *067*
3. 절망 속에서 틔운 싹 — *072*
4. '백미', 그 행복한 동행 — *077*
5. 한무숙 문학관을 찾아서 — *084*
6. 수필문학의 꽃을 피우려면 — *091*
7. 사라진 트라우마 — *095*
8. 내 문학의 뿌리 — *100*
9. 울보, 그녀에게 날개를 — *104*
10. 희망을 심는 글쟁이 — *108*

3부 / 숲 너머 저쪽

1. 숲 너머 저쪽 — *114*
2. 사람은 무엇으로 사는가 — *120*
3. 닮고 싶은 이름, 운월 — *125*
4. 비상하는 새처럼 — *129*
5. 산이 좋아서 — *134*

6. 아주 특별한 선물   *138*

7. 아름다운 인연   *142*

8. 친구가 된 제자들   *147*

9. 34년 만의 해후   *151*

10. 아메리칸 드림의 허와 실
 – 영화 「앤드류 서의 비극」을 보고   *156*

4부 / 노을이 보이는 집

1. 노을이 보이는 집   *163*

2. 지옥과 천국 사이   *171*

3. 모란이 필 무렵   *176*

4. 아낌없이 주는 나무, 나의 어머니   *180*

5. 내 삶의 쉼표   *185*

6. 험한 세상 다리가 되어   *191*

7. 흩날리는 꽃잎처럼   *196*

8. 벼랑 끝에서 만난 『하늘등대』   *202*

9. 큰 꿈꾸는 별, 나의 손녀   *208*

5부 / 내가 읽은 명수필

1. 유혜자 작가의 수필
  「봄날 달밤에 그리운 과거를 회상하듯이」 　214
2. 한인숙 작가의 수필 「보이지 않는 시간」 　217
3. 윤영남 작가의 수필 「숭늉」 　220
4. 구활의 수필 「술은 노회한 사기꾼」 　223
5. 임갑섭 작가의 수필집
  『일상에서 찾는 즐거움』 　227

작품해설　임헌영(문학평론가)
목련과 소나무를 동경하는 작가의 초상
– 박상주 제3 수필집 『숲 너머 저쪽』 　239

1부

꽃비를 맞으며

꽃비를 맞으며

꽃빛으로 물들기 시작하는 남녘의 봄소식에도 무심하게 지내던 즈음, C선배로부터 지리산 피아골 피정에 함께 가지 않겠냐는 전화를 받았다. 망설임 없이 가겠다고 답했다. 몇 년 동안 남편의 병간호로 많이 지쳐 있어 심신의 여유를 찾고 싶었다.

피정避靜이란 '천주교 신자나 수도자들이 잠시 일상에서 벗어나 수도원이나 피정의 집에서 묵상과 침묵, 기도를 통해서 조용히 자신을 살피는 일'을 뜻한다.

1박 2일의 피정 길에 올랐다. 투병 중인 남편을 두고 이틀이나 집을 나서는 발걸음이 무거웠지만, 잠시 집안일을 딸에게 맡기고 내 영혼을 고요하고 맑게 정화시키고 오리라는 생각을 하며 나섰다. C선배는 오랜 모임의 일원이며, 같은 천주교 신자로 자매처럼 가까이 지내는 분이다.

차를 타고 가는 동안 언뜻언뜻 스쳐가는 들녘은 봄빛이 완연

했다. 5년 만에 처음 보는 봄빛 같아서 마음이 환해졌다. 남편이 투병생활을 하는 동안 다섯 번의 겨울이 가고 다섯 번의 봄을 맞았지만, 환자의 고통을 함께 겪느라 계절이 오고 가는 것을 알아채지 못할 만큼 마음의 여유가 없었다. 그토록 꽃을 좋아해서 봄을 알리는 꽃소식에 마음이 설레곤 했는데… 목적지인 지리산 피정의 집이 가까워질수록 흐드러지게 핀 벚꽃의 향연이 장관이었다. 강변을 따라오는 하얀 벚꽃 무리들을 보노라니 탄성이 절로 나왔다.

드디어 피정의 집에 도착했다. 수려한 산을 마주하고 있는 방에 들어서니, 앞쪽 피아골 계곡에서 물 흐르는 소리가 청아하게 들리고, 새소리, 바람소리 뿐, 그지없이 평화롭고 고요해서 내 안의 심연으로 들어가 '참나'와 만날 수 있을 듯했다.

이번 피정 중 가장 마음에 남는 것은 신부님이 보여준 우분투 ubuntu란 영상이다.

아프리카 부족에 대해 연구하던 어느 인류학자가 부족 아이들에게 나무 밑에 싱싱하고 달콤한 딸기 바구니를 놓고 누구든 먼저 뛰어간 아이에게 과일을 모두 주겠노라는 제안을 한다. 그러자 아이들이 약속이라도 한 듯 서로 손을 잡고 달려가서 과일을 함께 나누어 먹는 장면을 본 인류학자는 "누구든 일등으로 간 사람에게 과일을 몽땅 주려했는데 왜 손을 잡고 같이 달렸느냐?"고 물었다. 아이들은 다 함께 "우분투!"라고 외쳤다. 한 아이가 "나머지 다른 아이들이 다 슬픈데 어떻게 나만 기분 좋을 수가 있는 거죠?"라고 말했다.

딸기가 귀하다는 아프리카, 그 귀한 딸기를 다 함께 나누어 먹기 위해 일등을 포기하고 함께 손잡고 뛰어가는 어린이들의 모습을 보면서 커다란 깨달음과 감동이 물밀듯 밀려왔다.

'우분투'는 아프리카 코사xhosa어로 '우리가 있기에 내가 있다'는 뜻이며, 내가 너를 위하면 너는 나 때문에 행복할 것이고, 나는 너 때문에 두 배는 행복할 것이라는 뜻을 함유하고 있다.

이 피정에 초대해 준 C선배와 나도 처음엔 그저 대화가 잘 통하고 마음이 맞는 직장 동료였다. 그러나 50여 년 동안 함께 한 시간 속에 켜켜이 쌓인 서로간의 사랑이 '우분투'처럼, 함께 딸기를 먹어야만 행복한 관계로 깊어졌다. 내게 기쁜 일이 생겼을 때 선배에게는 어려운 일이 생겼다. 그때 나의 기쁨보다 선배의 고통이 더 크게 다가와 한달음에 달려가 선배와 함께 그 아픔을 나누었다.

그런가 하면 선배는 내가 교장 승진을 했을 때, 한국수필문학상을 수상했을 때, 한국산문 회장 재임 때 자기 일처럼 기뻐하며 아낌없는 박수와 격려로 축하해주곤 했다. 또 어려운 일이 있을 때마다 한 치의 망설임도 없이 도와주곤 한다. 우리는 서로의 기쁨이 자신의 기쁨이고, 서로의 아픔이 자신의 아픔이 되어 울면 손을 맞잡고 함께 울고 웃으면 함께 기뻐한다.

가족들 중 누구 하나라도 힘들어한다면 우리는 함께 힘들 수밖에 없다. 우리 인간에게는 존재론적으로 이미 '우분투'정신이 내재되어 있지 않을까. 배고픈 이웃 앞에서 성찬을 먹으며 행복해 할 사람은 없을 것이다. 하지만 우리가 이웃과 더불어 행복하게 살지 못하는 것은 자신의 바쁜 일상에 매몰되어 자신도 잊은 채 어려운 이웃을 보지 못하기 때문은 아닐까? 참자아를 만나 행복의 의미를 재발견한 사람은 내가 행복한 만큼 이웃도 함께 행복해야 진정한 행복임을 깨닫게 된다. 혼자가 아닌 함께 하는 세상, 타인의 고통과 슬픔을 함께 나누고 위로해주며 가진 것을 나눈다면 따뜻하고 아름다운 세상이 되리라.

돌아오는 길에 하동 십리 벚나무 길에 들렸다. 벚꽃이 만개한 나무 밑에 서니 바람이 불 때마다 꽃잎들이 나비처럼 우리 머리며 어깨에 살포시 내려앉았다. 선배에게 "우린 이틀 동안 은총의 꽃비를 흠뻑 맞은 셈이네요." 말하며 함께 웃었다.

섬진강물 위로 유유히 흘러가는 꽃잎들을 바라보며 내 어깨에 지워진 무거운 짐이랑 근심들을 강물에 모두 흘려보내고 꽃비에 잠겨보았다. 무수하게 떨어지는 꽃비를 맞으며 나를 맡기니 나를 짓누르고 있던 삶의 무게는 어느덧 사라지고 그저 나도 나풀거리는 그 꽃잎 하나처럼 느껴졌다. 떠남, 영혼과의 만남, 그리고 선배와 함께 한 여정은 축복의 시간이었다.

인간에게는 얼마만큼의 땅이 필요한가

　요즘 뉴스에는 '대장동 개발' '화천대유'가 큰 이슈로 등장하며 온 나라가 시끄럽다. 정, 관계는 물론 법조인까지 연루된 사건으로 보인다. 모 정치인의 아들이 '화천대유'에서 6년 동안 근무한 후 받은 퇴직금이 50억이나 된다는 뉴스는 일반국민은 물론 청년들에게 큰 분노를 사고 있다. 확실하게 밝혀진 것은 없지만 높은 지성과 도덕성이 요구되는 법조인들까지 이 게이트에 엮인 것을 보면 혼란스럽고 착잡하다.

　지난해부터 불거진 LH(한국토지주택공사) 사태, 직원들이 개발지에 대한 정보를 사전에 입수하여 자신 또는 가족명의로 토지를 사들여 몇 십 배의 이득을 올렸다는 사건들. 토지와 주택 개발로 국민의 행복을 추구하며 주택 마련의 방향을 모색해야 하는 기관에서 그 권한을 이용해서 투기를 했다는 사실에 국민들의 분노와 실망감은 얼마나 컸던가. 올해 들어서도 포천의 한

구청장이, 장성의 면장이 개발 소식을 입수하여 땅 투기로 경찰 조사를 받던 중 스스로 목숨을 끊었다는 뉴스는 씁쓸하기 그지없다. 그토록 명예가 소중했다면 공직자로서의 본분을 지키며 정도正道를 걸었어야 하지 않을까. 인간의 욕망이 어디까지인지 질문을 던져본다.

 문득 톨스토이의 단편 「사람에겐 얼마만큼의 땅이 필요한가」라는 글이 떠오른다.
 러시아의 성실한 농부 바흠은 자신이 갖고 있는 땅이 척박하고 좁아서 좀 더 넓은 땅을 소유하며 경작하는 꿈을 갖고 있었다. 어느 날 바시키르인들이 사는 곳에 가면 아주 싼 값에 많은 땅을 살 수 있다는 소식을 듣고, 아내와 함께 그곳으로 향한다. 그곳에서 촌장과 만나 천 루블만 내고 해 뜰 때부터 해 질 때까지 걸어서 돌아오면 모든 땅을 가질 수 있다는 조건으로 매매계약을 하게 된다. 단, 조건은 해가 지기 전까지 출발 지점으로 돌아오지 못하면 땅을 하나도 받을 수 없다는 것이었다.
 농부는 해 뜨자마자 출발하여 가능한 한 많은 땅을 갖기 위해 걷고 또 걸었다. 하지만 점심때가 지나도 반환점을 돌지 못했다. 가면 갈수록 더욱 비옥한 땅이 눈앞에 펼쳐졌기 때문이다. 온몸이 땀범벅이 되었으며, 장화를 벗은 채 맨발로 부지런히 걸었다.

하늘을 보니 해가 어느덧 서산을 향해 기울어 가고 있었는데, 그때야 비로소 정신이 든 바흠은 깜짝 놀라서 발걸음을 돌려 출발선을 향해 갔다. 지는 해를 바라보며 죽을힘을 다해 뛰었다. 마침내 해가 서산마루를 막 넘어가려는 순간 가까스로 출발선 위에 도착해 가쁜 숨을 몰아쉬며 쓰러졌다. 촌장이 바흠을 일으키려 했으나 바흠은 이미 피를 토하며 죽은 뒤였다. 결국 그에게 필요한 땅은 자신이 누운 2미터가량의 무덤뿐이었다.

어리석은 농부 바흠의 이야기는 오늘을 사는 우리 한국인들에게도 큰 경종을 울려주는 교훈이다. 농사를 짓는 땅이나 사는 집은 삶의 터전이고 보금자리이기에 결코 투기의 대상이 되어서는 안 되리라.

고등학교 때부터 가까이 지내는 친구가 있었다. 결혼 후에도 줄곧 친하게 지냈는데, 그 친구는 시댁에서 물려받은 재산도 있었고, 남편 직업상 자금 동원도 쉬워서인지 땅을 사고팔면서 점차 재산을 불려나갔다. 가끔 나에게 전화해서 "얘, 너도 땅 좀 사라, 땅 좀 사. 우리 이번에 ○○동에 사났던 땅 팔았는데 다섯 배나 뛰었지 뭐니?, 둘째 유학 가는데 보태고 차도 바꾸려고." 자랑을 늘어놓곤 했다. 어떤 땐 부를 누리고 사는 자신의 친구자랑까지 보태곤 했다.

공무원 맞벌이로 근검절약하며 살아가는 나의 형편을 잘 아는 친구였기에 내 기를 꺾을 심산이었는지는 모르지만 나는 그 친구가 그렇게 부럽지 않았다. "응, 나 잘살고 있으니까 걱정하지 마."라고 의연하게 대꾸하곤 했다. 만일 나에게 경제적 여유가 있었다 해도 그 친구처럼 부동산 투기에 매달리진 않았을 듯싶다. 남편의 강직한 성격 영향 때문이기도 하고, 내 마음은 늘 부자였으니까.

젊은 시절, 은퇴하면 전원에 집을 지어 마당에 과실나무를 심고 텃밭을 가꾸며 살겠다는 소박한 꿈을 지니고 있었다. 어찌하다 보니 그 소망을 이루지 못했지만 산책을 나가서 걷다보면 발목을 간질이는 풀과 들꽃, 그 위를 날아다니는 나비들, 청정한 나무들과 파닥거리며 나는 새들이 모두 다 친구 같다. 내 소유는 아니지만 내가 딛고 있는 땅이며, 나를 반겨주는 자연 모두가 벗인 걸 무엇을 더 바랄 것인가?

톨스토이가 나에게 "당신에게는 얼마의 땅이 필요합니까?"라고 묻는다면 이렇게 대답할 것이다. "안분지족安分知足, 나를 편안하게 해주는 집이 한 채 있으니 만족합니다."라고.

목련을 마주하며

'기다림은 행복이다'란 생각을 목련 몽우리를 보면서 되뇌는 요즘이다. 지금 사는 이 집으로 이사 왔을 때, 버들강아지처럼 조그맣던 몽우리가 조금씩, 조금씩 커지면서 연둣빛이 더해갔다. 아침에 눈뜨면 맨 먼저 거실 창 앞으로 다가가 그들과 눈 맞춤을 한다. 그러기를 한 달 반, 드디어 뾰족하게 커진 몽우리가 하얀빛을 머금기 시작했다.

오늘 아침에는 창 너머 목련 한 송이가 하얀 꽃잎을 수줍게 내밀고 있다. 좀 더 가까이 가서 보려다 그만 유리창에 콧방아를 찧고 말았다. 콧방울이 시큰했다. 혼자 실소를 하며 창문을 열고 반가운 인사를 나눴다. '바로 너였구나' 옛 친구를 만난 것처럼 얼마나 반갑던지. 기다린 보람이 있었다. 한 송이가 신호탄을 올린 뒤에는 여기저기서 벙긋벙긋 하얀 꽃잎을 내밀었다.

드디어 4월 어느 날, 두 그루의 목련에서 몇 백 송이의 꽃들이 서로 질 새라 떨기떨기 피어났다. 눈이 부시도록 하얀 목련들을 마주하며 잠시 행복감에 젖는다. 하긴 몇 년 전, 이 집을 보러 왔을 때 거실 앞의 목련나무에 반해서 한번 보고선 바로 계약을 했다. 거실 창가에 앉아서 목련을 마주하며 글을 쓰면 좋겠다는 생각에서였다.

유백색 우아한 목련 송이들을 보며 차를 마시고 있다는 소식을 딸에게 전하니 문자가 왔다. "엄마의 봄을 축하해요, 목련과 함께 행복한 봄날 되시기를 기도해요"라고. 하, 엄마의 봄이라니, 지금 가을도 지나고 겨울의 벌판을 한창 지나는 중인데, 딸의 간절한 바람이겠거니 하면서 혼자 웃었다.

많은 꽃 중에서 유독 목련을 아끼고 사랑하는 연유가 있다.

해마다 4월이 오면 "목련꽃 그늘 아래서 베르테르의 편질 읽노라…." 고등학교 시절, 친구들과 함께 「4월의 노래」를 부르며 문학과 종교와 철학을 논하던 그 시절을 소환하곤 한다. 끝 구절 "돌아온 4월은 생명의 등불을 밝혀 든다/ 빛나는 꿈의 계절아/ 눈물어린 무지개 계절아."를 부를 즈음엔 눈물이 핑 돈다.

20대 젊은 시절, 내게 "순백의 목련을 닮았으니 영혼이 아름다운 시인이 되라"며 시집과 철학서적을 읽으면서 시를 써 보라고 자신의 책을 내어주며 격려하던 이가 있었다. 내 닉네임을 목련으로 부르며 어느 4월의 편지에 "목련에게, 하릴없이 4월을 보내고 말았네…"로 시작하던 그. 시인의 꿈도 첫사랑의 결실도 이루지 못했기에 한동안 목련을 마주하는 마음이 더욱 애틋했는지도 모른다.

하지만 가지 않은 길에 대한 미련과 아쉬움을 접고 현실에 집중하면서 열심히 살아 왔다.

우리 집 거실 앞을 환하게 밝혀주던 목련꽃들은 채 1주일도 지나지 않았는데 누런빛을 띠더니 떨어지기 시작했다. 바람이 불 때마다 맥없이 툭툭 지는 목련 꽃잎을 보고 있자니 서글펐다. 단 며칠 동안 꽃을 피우려고 겨우내 눈비와 세찬 바람을 맞으며 견디어 왔다니, 안쓰럽기까지 하다. 화무십일홍花無十日紅, 삼백 육십오일 중 고작 꽃의 시간은 한 주일이었던 것이다.

인간의 평균 수명을 80년이라 볼 때 꽃을 피우는 시간은 얼마나 될까? 1년, 2년 또는 3년쯤일까? 각자의 삶이 다르기에 꽃 핀 시간을 단정하기는 어려울 것이다.

내 삶에서 꽃처럼 아름답고 빛나는 시간은 언제쯤이었을까?

아이들이 태어났을 때, 천주교 신자로 영세 받던 날, 어린이들과 함께 한 교직생활, 오랜 꿈이었던 수필작가로 등단했을 때, 힘든 과정을 거쳐 교장으로 승진했을 때, 손녀들이 태어났을 때,

은퇴 후에 문학 활동을 하면서 문학회장을 맡았을 때, 그리고 늦은 나이까지 글쓰기 강의를 하고 있는 지금, 순간순간 눈부시게 빛나던 축복받은 시간들… 그 모두에 감사한다.

하지만 떨어져 누운 목련 꽃잎처럼 힘들고 고통스런 일들도 많이 겪었다. 누구에게나 기쁨과 고통은 공존하기 마련이니까. 어려운 고비마다 기도하며 잘 견디어 왔다.

오월로 접어들면서 꽃 진 자리에는 연둣빛 잎이 피어나기 시작했다. 6월이 되니 손바닥만 한 잎사귀들이 너울거린다. 아침 햇살을 머금고 반짝이는 잎들은 거실에 하늘하늘 그림자를 드리웠다. 꽃을 보던 시간 못지않게 편안한 행복감을 느낀다. 아파트지만 내 집 마당의 나무처럼 아름다운 집. 나는 나무들과 함께여서 더없이 행복하다.

가을이 깊어지면서 목련 나무의 잎들도 다 지고 말았다. 아저씨들은 수북이 쌓인 나뭇잎들을 갈퀴로 긁어모아 자루에 담곤 한다. 그대로 두면 더 운치가 있을 텐데…

목련 가지엔 수백 개의 뾰족뾰족한 눈이 하늘을 향하고 있다. 두 손 모아 기도하는 아기 손 같기도 하다.

오늘도 목련 눈들을 마주하며 '기다림은 행복이다'를 뇌인다. 봄을 기다리면서.

복두의 대나무 숲

하고 싶은 말을 못 하는 고통이 얼마나 큰 것인가는 겪어보지 않고는 말할 수 없으리라. 동화로도 많이 알려진 「임금님 귀는 당나귀 귀」는 『삼국유사』의 설화에서 비롯된다. 신라 제 48대 경문왕은 등극한 뒤 갑자기 귀가 당나귀 귀처럼 길어졌다. 아무도 이러한 사실을 몰랐으나 오직 복두(감투를 만드는 사람)만이 알고 있었다. 어느 곳에도 이 사실을 말하지 못하던 그는 참다못해 대나무 숲에 들어가서 "임금님 귀는 당나귀 귀!"라고 여러 번 소리쳤다. 그 뒤로 바람이 불 때마다 대나무 숲에서는 그 소리가 들려왔다는 얘기다. 말 못하는 고통을 안고 살아가는 이들이 어디 복두뿐이겠는가.

정신질환자의 어머니들은 자녀가 이런 병을 앓고 있노라고 말도 못하면서 병 뒷바라지를 위해 짧게는 5년, 길게는 30년 이상

매달리고 있었다. 어머니들 자신도 치유의 시간이 필요하련만 정신질환에 대한 편견 때문에 친척에게조차도 비밀로 한 채 힘겹게 살아가면서 심신이 지쳐 우울증에 걸리기도 했다.

2012년 9월, J 지역 정신건강센터의 송경옥 관장은 이런 어머니들을 위해 '내 이야기 좀 들어 봐'라는 프로그램을 운영하고 있었다. 집단 상담 및 명상과 요가로 어머니들의 응어리진 마음을 풀어주는 그 프로그램에서 내가 두 달 동안 치유의 글쓰기를 맡게 되었다.

15명 정도 강의에 참석했는데, 어머니들을 처음 만난 순간 마음이 울컥했다. 그녀들의 지친 모습에서 고통의 무게가 느껴졌기 때문이다. "어머니들, 고생 많으셨지요?" 내 인사말에 금세 눈물이 그렁그렁했다.

첫 강의 시간에 치유란 자신과 세상에 쳐놓은 울타리와 틀을 걷어내는 작업이기에 글을 쓰는 동안은 자신의 내면과 깊이 만나서 대화를 시도하고, 내 안의 아픔과 상처를 솔직하게 쓰면 저절로 치유가 될 것이라고 강조했다. 모든 짐 내려놓고 한 줄이든 두 줄이든 편한 마음으로 써보라고 권하면서.

어머니들의 이야기를 기꺼이 들어주는 복두의 대나무 숲이 되겠노라고 약속했다. 처음에는 편한 분위기에서 애송시를 낭송하고 노래를 함께 불렀다. 어머니들은 비로소 자신만을 위한 시간을 갖게 되었으며 학창시절로 돌아간 것 같다며 행복해했다.

하지만 어머니들은 좀처럼 자신의 마음을 열지 않았다. 자녀의 병 수발을 하면서 힘들었던 일이나 고통을 솔직하게 표현하지 못했다. 그 아픔이 너무 커서 차마 꺼내기조차 힘든 것이었을까, 아니면 그 병이 사회에 노출되면 안 된다는 인식이 마음속에 깊이 잠재해 있었기 때문일까.

다섯 번째 글쓰기 시간에 '하루를 푹 쉴 수 있다면'이란 제목을 주었다. 어머니들은 그때야 자신의 속내를 진솔하게 털어놓았다. "내 마음을 짓누르고 있는 모든 짐을 내려놓고 기차를 타고 종착역 없이 가고 싶다"고 했고, "그동안 아픈 아들 챙기느라고 친정에도 제대로 못 갔는데 어머니가 좋아하는 참기름을 짜 가지고 어머니를 찾아뵙고 실컷 얘기 나누고 싶다"는 분도 있었다. "내가 하루만 푹 쉴 수 있다면 가사 일을 내려놓고 조용한 곳에서 내 삶을 돌아보며, 반성과 후회도 하면서 뜨거운 눈물을 펑펑 흘리며 후련하게 울어보고 싶다. 온통 딸애의 건강에만 30년을 넘게 집중했는데, 그 때는 그것이 최선이라고 생각했지만 종착역은 안개속이다. 하루만이라도 빈 잔을 들고 조용히 들여다보고 싶다."고도 썼다.

이 글을 합평하면서 어머니들이 맘대로 후련하게 울 수도 없었다니 가슴이 먹먹해졌다. 어머니들은 자신의 글을 낭독하면서 펑펑 울었다. 울음을 참지 못하는 어머니들의 글은 대신 읽어주었다. 글쓰기를 통해서 그동안의 아픔이 얼음 녹듯이 사라지길 바라는 마음이 간절했다.

 마지막 시간에는 '내 이야기 좀 들어봐'란 제목으로 글을 쓰도록 했다. K씨는 아들을 향한 글을 썼다. 삼남매 중 둘째인 아들은 착하고 똑똑해서 기대를 한 몸에 받았단다. 일류대에 진학해 촉망받던 아들이 4년 전 "머리가 이상해요, 누가 날 감시해요"로 시작된 그 병이 그토록 무서운 병인 줄 몰랐다. 대학 2학년 중퇴, 그로부터 입퇴원을 반복했고, 회복되는가 싶으면 환청 때문에 가출하여 속이 탈대로 탔던 고통의 나날들. 기억력도 감퇴한 명한 아들의 모습을 보며 숨죽여 울었단다. 운명이라고 생각하기엔 너무 기가 막힌 일이라고 피맺힌 절규를 쏟아놓았다. "아들아, 끝이 어딘지는 모르지만 우리 함께 열심히 부대껴 보자. 엄마가 도움을 못 줘서 미안해. 언제쯤이면 환한 너의 웃는 모습을 볼 수 있을까? 믿음과 희망을 갖고 기다릴 거야. 같이 노력할 거지? 믿는다. 우리 아들." 슬픈 고백, 슬픈 감동이었다.
 요즘엔 정신질환에 대한 인식도 많이 개선되어 가고 있으며, 정신질환자들을 대상으로 재활서비스를 운영하는 사회복귀시설이라는 곳이 있어서 다행이다. 대부분의 어머니들은 자신이 세상을 떠나기 전까지 아이가 회복하여 제몫을 다 할 수 있을지 걱정이 된다면서도 이 프로그램을 통해서 아이와 함께 꿋꿋하게 살아갈 것이라는 희망을 얻게 되었노라고 고마워했다. 종강하는 날, A씨는 자신의 집 옥상에서 기른 들국화로 예쁜 꽃다발을 만들어 와서 내게 안겨줬다.

그 옛날 복두는 하고 많은 나무 중, 왜 대나무 숲에 들어가서 비밀스런 말 "임금님 귀는 당나귀 귀"를 외쳐댔을까? 아마도 대나무는 곧게 자라고, 속이 텅 빈 데다 예로부터 절개를 지키는 나무로 상징되었던 때문이 아닐까. 타인의 말을 잘 이해하고 공감해주려면 우선 자신의 마음을 대나무 속처럼 텅 비게 하는 노력이 필요하리라.

지친 마음을 여는 데 시간이 더 필요했을까? 몇몇 어머니들은 마지막 시간까지도 자신의 속내를 솔직하게 풀어내지 못하는 것 같았다. 내가 그들의 응어리진 마음이 활짝 열리도록 귀를 열고 이야기를 들어주는 복두의 대나무 숲이 되어주지 못한 자책과 아쉬움이 남는다.

자랑스러운 부시맨 닥터

　동기 모임에 나갔다가 고교 동창 송남임의 둘째 아들 이재훈이 제1회 이태석 상을 수상했다는 아주 흐뭇한 소식을 들었다. 매일경제신문 전면에 게재된 수상 소식을 그 자리에서 단숨에 읽었다. 외교통상부가 남수단 지역에서 헌신적인 의술을 펼치다 생을 마감한 고故 이태석 신부의 뜻을 기리기 위해 '이태석 상'을 제정했는데, 그가 2011년 11월 23일, 첫 번째로 수상한 것이다. 그는 고려대 의대를 졸업한 외과 전문의로 어릴 때부터 의사가 되어 선교활동을 하겠다는 꿈을 키워왔다.

　전주에 사는 그 친구에게 "어떻게 그리도 아들을 훌륭히 키웠어? 정말 대단한 아들이야." 축하 전화를 했다. 아들과 친구를 함께 칭찬했더니 그녀는,

　"내가 해준 일은 하나도 없어. 아들 셋 중에서 유독 심성이 착한 재훈이는 어렸을 때부터 엄마 힘들다고 집안일도 잘 도와주

어서 '재순아, 재순아!' 불렀더니 이웃집에선 딸이 하나 있는 줄 알았대. 초등학교 때는 어려운 친구 준다고 도시락 하나씩 더 싸 달라고 해서 그거 해준 것 밖에는…" 겸손하게 대꾸했다.

이재훈 박사는 전문의를 마친 뒤, 바로 아프리카로 건너가 르완다에서 봉사를 시작했다. 하지만 봉사를 제대로 하려면 착실한 준비가 필요하다는 생각에 세브란스 병원에서 위장관, 대장항문, 간담도, 유방, 갑상선, 소아외과 등 다른 여러 파트의 전임의 과정을 수련 받았다. 지금은 마다가스카르 섬의 이또시 지역 병원에서 근무하며 틈틈이 무의촌을 찾아다니며 진료하고 있다. 2006년부터 2천 여 명의 환자를 진료하고 100여 건의 수술을 집도했다 한다.

마다가스카르 섬은 아프리카대륙 동쪽 인도양에 위치하며 남한의 여섯 배로 세계에서 네 번째로 큰 섬나라이다. 오랫동안 사회주의와 자본주의 사이의 내전으로 사회시설은 파괴되었고 그 중에서도 의료시설과 교육시설은 매우 열악하다. 2만여 개의 마을에는 의사, 간호사, 약국도 없으며 의료인들의 교육수준도 무척 낮다.

주민들은 질병이 생겨도 평생 의사 한번 만나보지 못하고 병이 저주에 의해 생겼다고 믿어 무당을 찾는 것이 치료의 전부란다. 의사로 찾아온 재훈을 처음엔 외국 무당이라고 불렀다고 한다. 혀에 종양이 자라서 15센티미터나 나와 있는 어린이를 치료해주고 싶어 한국으로 초청의사를 밝혔는데 이 마을 무당이 외국인에게 치료받으면 저주가 일어날 것이라고 말려서 무산된 일도 있다고 했다.

나흘 동안 차를 타고 또 나흘간 걸어가서 치료를 해야 하는 어려움보다 문화적 차이 때문에 더 힘들었다는 그는 현지인들에게 "여러분들을 낫게 한 신은 분명 좋은 분입니다."라고 안심시킨다고 한다. 불신의 눈으로 보던 현지인들도 9년째 성심성의껏 봉사하고 있는 그에게 이제는, "너는 정말 정글 닥터, 부시맨 닥터야."라며 기다린단다. 부시맨Bush Man이란 아프리카 남쪽의 부족을 가리키는 말로 덤불에서 사는 사람을 뜻하는데 의료시설을 갖추지 않은 숲과 들판에서 수술하기 때문에 붙여진 별명이란다.

집안에서 홀로 개신교 신자였던 이재훈은 친구와 누가 먼저 자기 가족을 교회로 이끄는지 내기를 했는데 의외로 친구 가족이 먼저 교회에 나오자 자신의 부족했던 믿음을 반성하며 의료선교를 결심했다는 것이다. 이렇게 약속한 게 중학교 1학년 때였는데, 이재훈은 성장하면서 꾸준히 자신의 믿음을 전교하여 가족들이 신앙을 갖게 되었다. 그의 어머니도 교회에서 세례를 받은 뒤 지금은 열심히 봉사하며 살고 있다.

　어린 나이에 그런 결심을 한 이재훈 박사, 이웃사랑을 실천하는 그 힘의 원천은 어디에서 온 것일까. 태생이 선한데다 어려서부터 다져진 신앙의 힘이 원천이었겠지만 착한 어머니의 심성이 바탕이 되지 않았을까 싶다.

　친구 남임이는 사범학교 시절, 문예반에서 3년 동안 같이 활동하면서 문학소녀의 꿈을 함께 키워왔다. 결혼 후 친구는 지방에서, 나는 서울에서 학교 근무를 하느라 자주 만나지는 못했지만 종종 소식을 듣곤 했다. 친구는 마음이 선하여 어려운 이들을 소리 없이 도와주기도 하고 전체 동기 모임을 가질 때면 직접 짠 들기름과 찹쌀밥을 꾸러미 꾸러미 싸가지고 와서 나눠주기도 했다. 긍정적이고 겸손한 그 친구의 얼굴엔 늘 보름달처럼 웃음이 가득하다. 사진 속에서 천사처럼 웃고 있는 이재훈 박사의 모습 또한 어머니의 모습을 그대로 빼닮아 평화롭게 보였다.

　루쉰은 "튼튼한 나무가 있기를 바라고 고운 꽃을 보기 원한다면 반드시 좋은 흙이 있어야 한다"고 했다. 저절로 잘 자라는 나무는 드물다. 좋은 토양에서 자라도록 살펴주고 북돋우어주는 게 부모나 교사, 선배들이 할 일이다. 성직자나 훌륭한 사람들의 가정을 들여다보면 끊임없이 기도하고 공들인 부모의 모습을 자주 본다. 의사가 되어 편안한 삶을 추구할 수도 있을 텐데 머나먼 아프리카에 가서 의료선교를 하도록 허용하고 그렇게 성장시킨 마음, 각박하고 경쟁적인 우리 사회에서 함께 나누며 살아가려는 친구의 자세가 남다르게 느껴진다.

명예, 권력, 돈 모두 내려놓고 오로지 이웃을 위해 아낌없이 자신을 내어놓으며 사랑의 인술을 펴는 마흔 여섯 살의 이재훈 박사는 이 일을 함께 할 동지들이 더 많이 나서기를 기다리고 있다고 한다. 어려운 이들의 몸과 마음을 치유하며 희망을 지피는 그와 그의 가족들은 큰 별처럼 빛나는 소중한 존재다.

남산의 소나무

올해도 동기들과의 첫 산행지는 남산이다. 서울의 상징인 남산에 올라서 떠오르는 태양을 향해 나라의 안녕과 한 해 동안 우리 자신의 건강을 기원하기 위해서이다.

올라갈 때는 셔틀버스를 타고 팔각정까지 올라갔다. 한눈에 보이는 서울 시가지를 바라보며 심호흡을 했다. '나라가 평안하길, 올 한 해도 가족들 모두 편안하고, 벗님들과 함께 이 산행도 건강하게 지속할 수 있기를' 기원했다.

남산엔 수려한 소나무가 많다. 소나무는 햇볕을 좋아하고 척박한 땅에서도 잘 자란다. 내가 가장 좋아하는 나무이기도 하다.

태조 이성계의 한양 천도 후, 지리적으로나 풍수적으로나 중요한 위치를 차지했던 남산은 우리나라 중심으로 여겨져 왔는데 일제강점기와 6.25를 전후해 남산의 소나무 훼손 정도가 매우 심각해졌다고 한다.

 서울시는 지난 1991년부터 1998년까지 8년 동안 '남산 제 모습 가꾸기' 사업을 실시하여, 남산의 자연경관을 보존하고 특히 우리 민족의 얼이 서린 고유 향토 자생 수종의 소나무를 지금까지 잘 관리하고 있다.

 소나무는 굳셈, 변하지 않는 사랑, 불로장생, 영원한 푸름 등의 꽃말을 가지고 있다. 유독 소나무가 많은 남산, 소나무의 상징성도 있기에 애국가 2절 가사에 주제로 쓰지 않았겠는가.

 애국가 2절을 조용히 불러 본다. "남산 위에 저 소나무 철갑을 두른 듯 바람 서리 불변함은 우리 기상일세. 무궁화 삼천리 화려강산 대한 사람 대한으로 길이 보전하세." 2절에 담긴 소나무의 뜻은 변함없는 강인함과 불굴의 의지로 사계절 푸른 잎을 유지하여 대한민국 국민의 강인한 정신과 변치 않는 결의를 나타내고 있음이리라.

 우리는 각자가 준비해 온 간식과 커피를 마시며 남산의 소나무처럼 변함없는 우정과 강인한 정신력으로 노년의 시간을 활기차게 보내자는 덕담을 나누었다.

 하산할 땐 한 걸음 한 걸음 내딛으며 내려왔다. 내려오면서 보니 소나무들의 가지가 많이 꺾여 있었다. 여기도, 저기도 작은 가지는 물론, 큰 둥치의 소나무들도 찢어지듯 꺾여 있어서 참으로 안타까웠다. 지난겨울 유난히 많이 내린 눈 때문이란다.

문득 20여 년 전, 학교에 재직할 때 어느 겨울날의 아침이 떠올랐다. 출근해 보니 교장실 앞 두 그루의 반송 위에 하얀 눈이 수북이 쌓여 있었다. 금방 가지가 부러질 듯 휘어져 있어서 빗자루를 들고 살금살금 눈을 쓸어내렸다. 50년 된 학교를 재건축한 뒤, 황무지 같은 교정에 몇 달 동안 조경하며 공을 많이 들였다. 특히 소나무는 자리를 옮겨 심으면 생장하기가 어렵다 해서 링거 주사까지 꽂아주며 노심초사하면서 정성을 기울이며 '작은 가지 하나라도 부러지면 안 되지.' 하며 조심스럽게 눈을 털어주었던 기억이 떠올랐다. 교정의 소나무들은 지금도 잘 자라고 있겠지.

한 걸음 한 걸음 옮길 때마다 크고 작은 가지들이 부러져서 쓰러진 소나무들을 돌아보며 친구와 나는 탄식을 했다. "어쩌면 좋으냐, 소나무 한 그루가 저만큼 성장하는 데는 몇 십 년, 몇 백 년의 시간과 사람들의 정성이 심겨 있었을 텐데…." 자연재해가 참으로 원망스러웠다.

불현듯 「박새와 비둘기」란 우화가 떠올랐다. 아주 작은 박새가 비둘기에게 물었다.

"눈송이의 무게를 알고 있니?"

"눈송이에 무슨 무게가 있어. 허공처럼 전혀 무게가 없겠지."

비둘기의 대답에 박새가 말했다.

"언젠가 나는 눈 내리는 전나무 가지에 앉아 있었어. 할 일도 없고 해서 가지 위에 쌓이는 눈송이 숫자를 세기 시작했는데 정확히 374만 1952개였어. 그런데 말이야."

박새의 잔잔한 목소리가 이어졌다.

"그다음 한 송이가 내려앉으니까 그만 가지가 딱 부러지고 말았어. 무게가 전혀 없는 눈송이 하나가 앉았을 때."

'아, 그럴 수 있겠구나. 무게가 없을 것 같은 눈 한 송이 한 송이지만 가지를 부러뜨리는 힘이 될 수도 있겠네.'

수십 년, 수백 년 동안 남산을 지켜온 소나무들도 쌓이고 쌓인 눈송이 위에 또 눈송이가 내려앉았을 때 더는 버티지 못하고 꺾이고 만 것이었나 보다. 이 나라의 평안도 세상의 평화도 한 사람 한 사람의 힘이 모여 변화가 이루어졌겠다는 생각이 들었다.

나의 작은 기도가 눈송이 하나처럼 나라와 세상의 평화를 지켜내고 가족과 이웃에게도 어려움을 이겨낼 힘이 될 수 있기를 한 번 더 기원했다.

샹그릴라 신드롬

샹그릴라 신드롬Shangri-La Syndrome. 사람들에게 생긴 증후군 치고는 매력 있는 단어다. 누군들 아름다워지고 싶고 젊어지고 싶지 않을까. 평균수명이 점차 늘면서 중장년층을 중심으로 노화를 줄이고 젊게 살고 싶은 욕구가 확산되면서 생긴 증후군이다. 건강을 중시하는 웰빙 열풍과 더불어 외모를 중시하는 동안童顔, 얼짱, 몸짱 등의 풍조가 샹그릴라 신드롬을 확산시키는데 한몫한 게 아닐까.

샹그릴라는 1933년 영국의 소설가 제임스 힐튼이 쓴 소설 『잃어버린 지평선』에 등장하는 티베트 전설 속의 이상향이다. 소설 속에서 샹그릴라는 히말라야 산중의 작은 마을에서 평생 늙지 않고 영원한 젊음을 누리며 산다는 가상의 지상낙원으로 묘사되고 있다. 넉넉한 먹거리에 시간적 여유를 지니고 근심걱정 없이 가족과 이웃이 행복하게 살아가는 마을 샹그릴라. 중국의 시인

도연명은 마음속의 영원한 이상향으로 무릉도원武陵桃源을 노래하기도 했다.

정녕 샹그릴라는 존재하는 것일까. 중국의 진시황은 불로초를 찾아 헤맸지만 그 명을 다했으며 천하일색 양귀비도 그 미모는 백년을 채 가지 못했다. 유한한 삶, 미모도 세월 따라 퇴색되는 걸 어이하랴.

외모에 대한 관심은 더 이상 여성전유물이나 연예인들에게 국한된 일은 아닌 듯싶다. 남성들까지도 피부과와 성형외과를 찾는 일이 잦으며 몸짱, 꽃미남이란 신조어까지 대두될 정도다. 요즘엔 젊은 사람뿐 아니라 노인들까지도 성형외과를 찾는 일이 자연스럽고 촌로村老들에게도 성형계가 유행이라니 과연 성형천국이라 할 만하다. 이는 외모를 지나치게 중시하는 사회현상에서 비롯된 풍조가 아닐까.

나이가 들면 흰머리와 주름이 늘기 마련이다. 성형수술로 주름살을 제거하고 보톡스를 맞는 일은 일시적으로는 아름답게 보일지 모르나 시간이 지나면 부작용으로 오히려 추하게 되는 경우를 흔히 본다. 외모는 젊어 보이나 지혜롭지 않은 행동을 하는 철없는 노인들도 있다. 나이든 걸 내세워 권위를 부리거나 가진 것을 움켜쥐고 베풀 줄 모르는 이들은 또 얼마나 꼴불견인가. 외양만 젊어 보이는 건 의미가 없지 않겠는가.

강승완 박사는 "건강하다는 것은 단순히 질병이나 증상이 없는 상태가 아니라 신체적, 정신적, 사회적, 영적으로 완전히 안녕wellbeing한 상태"라고 했다. 건강을 지키면서 꾸준히 자기계발을 하여 내면의 아름다움까지 조화를 이루는 삶이라면 더할 나위 없이 좋을 것이다.

지인 중엔 은발을 휘날리며 아름답게 늙어가는 분들이 있다. 이분들은 문학 활동을 활발히 할뿐더러 베푸는 삶을 살면서 젊은이들에게 좋은 귀감龜鑑이 되고 있다.

수필가 홍도숙 선생은 칠순이 넘은 나이에 수필공부를 시작하여 2003년엔 동서커피문학상 은상을 수상했고 그 다음 해엔 문화예술위원회의 지원금을 받아 수필집을 출간했다. 서정적인 문체나 문장은 타의 추종을 불허할 정도로 독특하며 독서와 집필을 꾸준히 해서 두 번째 수필집을 출간 했다. 수필가 박기숙 선생 또한 팔순이 넘은 나이에 문학공부를 시작하여 두 권의 수필집을 출간했다. 꽃누름을 이용한 스탠드나 부채를 만들어 동인들에게 선물하며 후배들을 격려하는 고마운 분이다.

구순을 넘긴 이분들은 60대 못지않은 젊음과 활기로 빛나는 얼굴이다. 언제 만나도 행복해 보이며 존경스럽고 부럽다. '나이 들어도 저분들처럼만 살아갈 수 있다면' 하는 바람을 가져본다.

샹그릴라 신드롬, 외모지상주의만이 아니고 내면의 아름다움까지 겸비한다면 그리 나쁜 증후군은 아닌 듯싶다.

 얼마 전까지도 눈꺼풀 수술을 권유하는 걸 과감하게 뿌리쳤지만 흰머리가 삐죽삐죽 올라오면 어김없이 염색을 하러 미장원을 찾는다. 언제쯤이면 염색을 멈추고 백발을 날리며 당당하게 다니게 될까. 하얀 머리칼과 주름살까지도 세월의 훈장쯤으로 여기며 영혼이 맑은 사람으로 거듭나고 싶다.

질그릇 닮은 그녀

듬직한 질그릇 같은 그녀가 가까이 있어서 요즘 참 행복하다. 투박하지만 묵묵히 제 몫을 다하는 질그릇 닮은 그녀. 글쓰기에 대한 열정이 대단한 그녀는 내가 강의하는 곳이면 어디든 달려온다. 오늘도 강의실 맨 앞자리에 앉아 젊은 회원들과 함께 열심히 강의를 듣고 발표도 하며 글을 쓴다.

그녀를 처음 만난 것은 2012년 10월, 어머니들을 대상으로 하는 치유의 글쓰기 강좌에서였다. 2개월 동안의 짧은 기간이었지만 그녀는 다른 어머니들과는 사뭇 달랐다. 자녀의 병 뒷바라지로 지친 어머니들에 비해 달관한 듯 편안해 보였다. 고통스러웠던 시간을 쉽게 표현하지 못하고 머뭇거리는 어머니들 속에서 자신의 아픔이나 속내를 진솔하게 표현했다.

그녀가 맨 처음 쓴 글은 「소나무와 아버지」란 글이었다. 친정 아버지 백일 탈상 때 산소에 갔다가 옮겨온 작은 소나무 한그루를 정성들여 가꾸었더니 잘 자라고 있다는 것이다. 매일 소나무를 매만지며 아버지와의 추억을 떠올리기도 하고 자신의 아픔을 아버지께 하소연하는 내용의 글이었다. 글 솜씨가 대단했다.

그녀의 글 재능이 영 묻히나 싶어 아쉬워하던 중 연락이 닿아 글쓰기 강좌에 참석한 게 1년여 가까이 된다. 그동안 쓴 글이 30편이 넘는다. 등단을 권해봤지만 아직은 아니라고 겸손해 한다. 그녀는 자신의 글을 낭독할 때마다 울먹이며 눈물을 흘리곤 한다. 아픈 딸과 함께 한 험난했던 여정들, 아직도 딸의 불확실한 미래 때문에 슬픔이 복받쳐 오르는 듯했다. 그녀의 깊숙한 내면에 고여 있는 눈물샘은 언제 마를 것인지, 슬픔을 달팽이껍질처럼 등에 메고 다니는 게 너무 무거운 건 아닌지 안쓰럽기까지 했다.

그녀의 네 딸 중 둘째가 정신질환에 걸린 것은 고등학교를 막 졸업하고 취업을 하려던 시기였다. 처음엔 머리가 아프다고 호소하더니 점차 이상행동을 보여 그때부터 딸의 치료에 매달린 게 30년이 넘는다고 했다. 조현병이 심해서 입퇴원 반복은 다반사였고 옥상에서 뛰어내렸으나 나무에 걸려 간신히 생명을 건졌던 아찔한 순간들을 겪으면서 가슴 속은 숯처럼 까맣게 탔다. 설상가상으로 퇴직한 남편이 퇴직금을 주식에 투자해 실패하는 바람에 가세가 기울었기에 어떻게든 두 딸의 학업을 마쳐주기 위해 일자리를 찾았다. 낮에는 일을 하고 저녁에는 아픈 딸을 위해 매일같이 한강변을 걷고 주말이면 산으로 들로 함께 다니며 대화를 나누면서 많이 호전되어가고 있단다. 이제는 길고 어두운 터널을 빠져나와 환한 빛이 보인다는 그녀. 자그마한 체구 어디에서 그런 강인한 힘이 솟아나는지 놀랍다.

그녀는 바람처럼 자유로운 영혼을 지녔다. 언제든 생각이 나면 가벼운 차림으로 여행을 떠난다는 그녀. 지난 해 4월엔 "선생님! 저 서울을 훌쩍 떠나 설악산에 혼자 여행 왔어요. 잔설이 남아 있는 골짜기에도 연분홍 꽃들이 얼마나 아름다운지 선생님께 보여드리고 싶네요."라는 문자를 보내왔다. 혼자서 때론 친구와 함께 춘천행 기차를 타기도 한다. 여행만이 아니라 내면적으로도 자유로워진 듯하다. 딸의 정신질환이 누구에게 알려질까 두려워하지 않고 스스럼없이 얘기하며 자신과 같은 아픔을 겪는 어머니들에게 조언과 상담을 기꺼이 해주고 있다.

딸의 긴 병 뒷바라지로 지쳤을 그녀가 마음의 평정과 자유로움을 얻을 수 있었던 연유는 무엇이었을까?

그녀는 「상처와 위로」에서 이렇게 썼다. 몇 년 전 어버이날, 아픈 둘째와 셋째 딸이 얼마나 치열하게 완력까지 동원해서 싸우는지 도저히 말릴 수가 없었단다. 말리다 지치고 흥분이 고조되었던 감정이 한순간 가라앉으면서 체념이 되었다. "그래, 모든 걸 다 내려놓자. 이제부터는 너희들 엄마로만 살지 않겠다."라고. 그 뒤로 자신을 찾기로 마음을 바꿔 하나씩 비워나가는 연습을 하다 보니 자유롭게 여행도 떠나고 글쓰기를 열심히 하다 보니 마음이 더 편안해졌노라고 고백했다.

정신질환은 장기간 치료해야 하기에 보호자가 조급함을 보여서는 안 되며, 환자의 상태를 최대한 이해하고 최고의 약인 깊은 사랑으로 기다려야 한다는 것을 그들의 글쓰기 지도를 하면서 알게 되었다. 그녀는 이미 그런 지혜를 체득해 딸의 회복을 돕고 있고, 글쓰기를 통해서 자신에 대한 치유도 하고 있었다.

그녀의 손끝은 여물고 바지런하다. 옥상에 텃밭을 일구어 온갖 꽃나무와 채소, 오가피, 보리수, 배나무까지 가꾼단다. 꽃과 나무들이 어우러진 옥상 사진을 보면 작은 천국 같다. 지난해 여름 그녀 덕에 상추, 풋고추, 부추 등 유기농 채소들을 실컷 먹는 복을 누렸다. 자신이 정성들여 키운 채소들을 따서 이웃에게 나누어줄 때가 가장 기쁘다는 그녀. 그녀를 보고 있으면 멀리 미국에 살고 있는 막내 동생 모습이 떠오른다. 나이도 동갑인데다 부지런한 손끝이며 타인에게 베풀고 배려하는 마음씀씀이까지 참 많이도 닮았다.

    그녀에겐 슬픔과 고통을 긍정으로 바꾸는 특유의 밝음이 있다. 그래서 만나면 어릴 적 친구처럼 편안한가 보다. 강의 끝나고 돌아오는 길엔 우리 둘만의 오붓한 시간을 갖는다. 소풍 나온 학생과 선생처럼 집에서 정성껏 싸온 음식들을 나누어 먹으며 속 깊은 대화를 나눈다.

    지난해 스승의 날엔 카네이션 꽃과 정성스런 편지를 주었다. "우연한 인연으로 저를 보살펴주시는 선생님, 만날 때마다 건네주시는 책들은 마음의 큰 양식이 되었지요. 제게 글눈을 틔워주시고 사막처럼 황폐해진 마음 밭에 희망의 씨앗을 심어주신 선생님, 너무도 고맙고 감사함을 마음에 품고 삽니다. 표현은 부족하지만 열심히 써 보겠습니다. -늦깎이 제자 올림"이라는 편지였다.

    2016년 8월, 그녀의 수필 「비 오는 날에도」가 『그린에세이』 7,8월호에 선정되어 수필가의 관문에 들어서게 되었다. 30여 년간 아픈 딸과 함께 견디어온 시간들을 긍정적인 시각과 희망으로 승화시킨 결미, "희망이라는 아름다운 꿈을 안고 오늘도 걸어간다. 아주 천천히, 느리게 비 오는 날에도"는 가슴 뭉클한 감동을 안겨 주었다.

그녀는 자신에게 해준 것처럼 많은 이들에게 희망의 씨앗을 심어달라고 나에게 주문한다. 마음이 넉넉한 질그릇 닮은 나의 글벗이며 늦깎이 제자인 안선자 씨. 그녀에게 큰 축복이 있기를 기도한다.

글로 다시 만나다

 며칠 전 제자의 수필집을 한 권 받았다. 내가 직접 가르친 제자의 작품집을 받는 일은 처음이어서 감회가 깊었다. 편성희 수필집 『나는 늘 가고 있었지』 책 표지를 넘기니 미소 짓고 있는 중년 여인의 사진이 너무 낯설다. 기억 속 제자는 아홉 살짜리 단발머리 예쁘장한 여학생이었는데….

 성희는 초등학교 2학년 때 담임했던 제자이지만 나는 지금 그녀에 대해서 아는 게 별로 없다. 문학을 전공했는지, 성장과정은 어땠으며 얼마나 내공을 쌓았기에 이토록 글을 잘 쓰는지. 하긴 48년의 세월을 건너뛰었으니 알 턱이 없다. 성희의 담임을 끝으로 군산에서 서울의 초등학교로 전근온 뒤 소식이 두절되고 말았기 때문이다. 성희는 착하고 공부도 잘하는 모범생이었다. 많은 제자들 중 유독 내 뇌리 속에 또렷이 남아 있다. 우리 집 가까이 살았고 음식솜씨가 좋은 어머니 심부름으로 가끔 보자기에 별미를 가져오곤 했던 기억도 난다. 내성적이고 유난히 말수가 적었던 성희, 마음속에 얼마나 큰 활화산을 품고 있었기에 이토록 많은 이야기들을 글로 풀어낼 수 있었을까.

어릴 적 성희의 모습들을 가늠하면서 책을 찬찬히 펼쳐보았다. 7부로 나누어 총 47편의 작품을 수록한 수필집은 담녹색의 표지와 제목도 좋고 작품집 말미에 단상들을 모은 작품도 눈길을 끌었다. "친정집 마당에 노란 수선화가 가득 피어 나를 맞는다. 엄마는 어디 가고 봄바람 속에서 혼자 나를 바라보는 수선화가 자꾸만 흔들려서 요즈음의 엄마 마음인가 싶다."「친정」이란 글에 나온 단상이다.

우선 프롤로그와 표제작인 「나는 늘 가고 있었지」부터 읽었다. 거실 벽에 느리게 기어가고 있는 달팽이를 발견하고 쓴 글이다.

"세상이 너무 넓어서 고요해 보인다. 달팽이는 벽을 타며 어떤 세상을 보고 있었을까. 저 우주만큼 넓은 세상을 향해 진을 빼며 기었을 달팽이. 이렇게 고단한 삶을 사는 달팽이가 이곳에만 있는 것인지 나의 생각이 깊어지면서 또 다른 어딘가에서 느리게 목적지를 향해서 가고 있는 수많은 달팽이들을 기억해 냈다."

낮에 만났던 지인의 팍팍한 삶을 돌아보며 달팽이를 인간 군상에 비유하여 형상화했으며 자신의 삶을 투영시킨 작품이었다.

결미에는 답답한 벽을 기어가는 달팽이가 안쓰러워서 창문을 열어 나뭇잎에 얹어주면서 "가는 길은 멀어 반짝이는 촉수의 안내가 필요하다. 그가 가는 길은 내가 염원하는 길이다."고 끝맺고 있다. 예리한 관찰력과 미물에 대한 따뜻한 시선, 절제된 문장, 무엇보다도 행간에 스며있는 깊은 사유와 철학이 돋보이는 작품이었다.

그녀의 작품세계를 들여다보면 일상의 성찰과 깊은 사유를 통해 인생을 관조한 작품들이 주를 이룬다. 작품마다 주제의식이 뚜렷하며 신선한 소재 선택, 자연과 인간에 대한 따뜻한 시선, 은유를 통한 형상화 등 수필문학의 높은 경지에 올라있음이 분명하다. 언어의 연금술사 같은 유려한 문장들은 몰입시키는 마력을 지니고 있어서 더욱 놀라웠다.

「그 골목의 전설」, 「문밖의 희망」, 「빛의 아픔」, 「이름이 있었어」, 「섬」 등 한 편 한 편 읽을 때마다 감동이 물결쳐 왔다. 이 수필집이 두 번째 발간한 책이고 전북문화예술위원회의 기금을 일부 지원받아 발간했다니 이미 문단에서도 인정받고 있는 게 틀림없다.

요즘 나는 그녀의 글 속에 푹 파묻혀 지낸다. 수필집을 머리맡에 두고 한두 편씩 읽고 잠든다. 내가 꿈꾸던 문학의 길을 제자와 같이, 더욱 같은 수필문학의 길을 걷고 있다니 더할 나위 없이 기쁘다. 세상의 부모들이 '자식이 부모보다 낫다'는 얘길 들으면 어깨가 으쓱해진다는데 오늘 제자의 성장을 보는 내 마음은 마치 어깨에 별을 단 듯 한량없이 대견스럽고 흐뭇하다.

몇 년 전에 발간한 내 수필집이 품절되어서 대표작이 실린 동인지를 제자에게 보냈더니 긴 문자가 왔다.
"이른 아침 우편함에서 선생님의 책을 받아들고 놀라움과 기쁨에 가슴이 뛰었습니다. 「피에타를 바라보며」는 선생님의 모습이 피에타로 살아오셨다는 것을 그대로 보여주고 있어 글의 문장이 한 번에 확 들어왔습니다. 어쩌건 선생님의 그런 피그말리온의 정신이 제게도 그때부터 심어져 지금 이렇게 글을 쓰는 것은 아닌가 생각이 듭니다. 선생님의 살아온 길이 보여서 자랑스럽습니다. 대나무 숲의 복두처럼 선생님은 여전히 누군가의 멘토로 살아가시면서 비상을 꿈꾸고 계셨군요. 아무것도 몰랐던 초등학교 2학년 때 선생님을 만난 것은 제게는 큰 행운이었고 그 느낌들이 지금껏 살아서 저를 움직이게 하고 있습니다. 이제 다시 제 곁으로 오셔서 제 글에 아낌없는 애정을 보여주시니 더 힘이 납니다. 선생님의 한없는 애정을 느끼며 잘 살아야지 생각하는 아침입니다. -제자 편성희 절-"
제자의 글을 받고 참 행복했다. 불현듯 백아伯牙와 종자기鍾子期

의 우정이 떠올랐다. 중국 춘추 시대에 거문고의 명인 백아가 산을 생각하며 연주하면 종자기는 "웅장하다. 그 뜻이 높은 산에 있구나." 강물을 생각하며 타면 "도도하다. 흐르는 강물 같구나."고 말했다. 종자기가 죽자 백아는 거문고를 타지 않았다 한다.

 거문고 소리만 듣고도 지음知音의 경지에 달했던 그들의 우정, 제자와 나는 백아와 종자기를 많이 닮았단 생각이 든다. 서로의 작품을 깊이 이해하고 공감하게 되는 것은 작품에 대한 깊은 애정과 속마음까지 읽어내는 통찰력이 있기에 가능한 것이리라. 선생과 제자의 경계를 넘어서 문학세계를 일궈가는 좋은 문우로 함께 걸어갈 것이라는 바람을 가져 본다.

 지난해 『수필과 비평』지에서 제자의 글 「어머니의 섬」을 만났다. 꽤 수준 높은 작품이었다. '편성희' 이름도 특별하고 주소지도 군산이어서 혹시 내 제자가 아닐까 하고 전화를 했다. "아, 박상주 선생님, 어떻게 제가 잊을 수가 있겠어요?" 밝은 목소리에서 반가움이 뚝뚝 묻어났다. 나 또한 얼마나 반갑고 자랑스럽던지. 성희를 글로 다시 만난 건 큰 행운이다.

 요즘 글밭이 메말라 글 쓰는 일에 게으름을 부리곤 했는데 제자를 보면서 힘을 얻는다. 마음을 다잡고 스스로를 담금질하여 부끄럽지 않은 글쟁이가 되리라는 다짐을 한다.

  군산에 살고 있는 제자는 벚꽃이 피면 고향에 꼭 한번 오라고 청한다. 군장도로에 벚꽃이 만개하면 얼마나 장관인가. 벚꽃 피는 날 제자를 만나러 가야겠다. 성희와 재회할 생각에 지금부터 가슴이 설렌다. 제자와 함께 정겨운 골목길을, 소풍갔던 수원지를, 벚꽃이 흐드러지게 핀 월명공원 길을 걸으며 삶과 문학에 대해서 깊은 이야기를 나누리라.

내 마음의 고요

중학교 1학년 국어시간에 맨 처음 만났던 시가 「마음」이다, 홀로 걷거나 앉아있을 땐 이 시를 애송하며 그 의미를 음미했다. 누군가에게 상처를 받아 힘들 때도 곧잘 이 시를 읊조리며 스스로를 다독이곤 했다.

    나의 마음은 고요한 물결
    바람이 불어도 흔들리고
    구름이 지나도 그림자 지는 곳
    돌을 던지는 사람,
    고기를 낚는 사람,
    노래를 부르는 사람,

    이리하여 이 물가 외로운 밤이면

별은 고요히 물위에 뜨고

숲은 말없이 물결을 채우느니

행여 백조가 오는 날

이 물가 어지러울까

나는 밤마다 꿈을 덮노라

— 김광섭 시 「마음」 전문

　이 시는 시인의 초기 작품으로 자신의 마음을 고요한 물결에 비유하여, 심리적 갈등과 함께 파문을 일으키기 쉬운 마음을 지키려는 자세가 잘 드러나 있다. 자신의 꿈을 잃지 않고 밤마다 덮음으로써 시인 자신이 견지하고 있는 지적 관조를 다룬 작품인 듯하다.

　때때로 이 시를 외우면서 깊이 공감하곤 했다. '맞아 내 마음은 고요한 물결 같아서 나를 즐겁게 해주면 한없이 기쁘고, 불의에 직면하면 분노하고, 예기치 않은 어려움에 직면하면 몹시 힘들고 마음 아프지.'라고.

　마음이 여리고 임기응변이 부족한 나는 억울한 일을 당할 때도 그 즉시 해명하거나 반박하지 못하고 밤잠을 설치면서 이렇게 대꾸했어야 하는데…' 하고 혼자 되뇌며 끙끙 앓곤 했다. 하지만 그대로 넘어갈 일은 아니어서 한참 시간이 지난 다음에 그 일을 되짚는다.

　남편과의 관계에서도 이런 일들은 종종 있었다. 이런 내가 싫어서 지인에게 속내를 털어놨더니, 그 자리에서 바로 반박하는 것보다 한발 물러서는 나의 자세가 오히려 장점일 수 있다고 위로 아닌 위로를 해주었다. 그런 나의 여린 마음은 오랜 사회생활을 하는 동안 여러 문제들을 해결하면서 단단해졌다.

　오랜 친구가 있다. 나보다 풍족하게 사는 그녀는 늘 자신의 자랑을 늘어놓다가 친구자랑까지 곁들인다. 얼마 전, 남편이 중병으로 입원했을 때 전화가 왔다. 한참 얘기하다가 친구는 돈 자랑까지 해댔다. 참 어이없는 일이다. 마음속으로는 '네 관심은 돈밖에 없니, 지금 이 상황에 위로 전화라고 한 거니?'라고 쏘아붙였어야 하는데, 나는 또 바보같이 웃으며 전화를 끊었다. 친구의 전화는 한동안 뇌리에서 사라지지 않고 귓바퀴에서 맴돌았다.

　젊은 시절엔 내 마음은 구름이 지나거나 바람이 불어도 흔들리고, 돌을 던지면 상처를 받는다고 생각해 왔다. 하지만 살면서 외적인 자극이나 충격보다는 내 마음 탓이 더 크다는 것을 깨닫는 중이다. 누구 때문이 아니라 내 마음의 고요와 평정심만 유지한다면 누가 뭐라 해도 행복한 상태가 아닐까.

'마음 다스리기'에 대한 관심을 가지면서부터 스스로를 자주 점검하고 관련된 책자도 읽으며 노력을 했다. 독서하는 시간을 늘리고, 기도나 명상의 시간도 자주 가졌다. 언젠가 방송에서는 명상이 뭐 대단한 일이 아니라 마음을 가라앉히고 설거지를 하거나 음악을 듣는 일도 큰 테두리 안에서의 명상이라고 해서 위안을 얻었다.

때로는 마인드 컨트롤을 하며 과거의 아름다웠던 기억도 자주 끄집어내고, 성취감을 느낄 때마다 갖던 높은 자존감도 기억해 내기를 주저하지 않는다. 이제 한 해 한 해 나이를 먹을수록 웬만한 일에는 일희일비 하지 않으려고 노력하는데, 글쎄다. 또 언제 나약한 마음이 슬며시 고개를 들고 나와 스스로를 괴롭힐는지.

자신의 마음이나 타인의 마음을 제대로 보려면 본질을 꿰뚫어 보는 능력이 있어야 하는데 지금까지 나는 타인에 대한 배려나 관심, 통찰력을 얼마나 키우며 살아왔는지 반문해 본다.

마음은 보이지도 잡히지도 않는 오묘한 존재다. 나는 더 이상 오랫동안 애송하던 시, '나의 마음은 고요한 물결/ 바람이 불어도 흔들리고…'를 읊조리지 않는다. 운동할 때도 마인드 컨트롤이 중요함을 순간순간 깨닫는다. 친구의 비아냥거림도 웃으며 받아넘길 수 있는 여유를 찾으려 노력한다. 또한 글쓰기를 통해서 내면의 자아를 발견하고, 마음의 고요를 찾기 위해 묵상의 시간을 자주 가져야겠다.

2부

내 문학의 멘토

내 문학의 멘토

"영혼의 아픔을 앓지 않는 문학은 진정한 문학일 수 없습니다."고 힘주어 말하던 그분의 강의는 나를 압도했다. 그 여름, 노트나 강의 자료도 없이 열정적으로 하던 그분의 특강을 듣던 2시간 내내 나는 숨이 멎는 듯했다.

중, 고등학교 시절부터 문학에 대한 꿈을 지니고 있었던 나는 1999년 『한국수필』로 수필가로 등단을 했고, 2002년 퇴직할 때 『비상을 꿈꾸며』란 수필집을 발간했다. 교직생활 틈틈이 독서를 하고 글에 대한 열정과 체험을 바탕으로 첫 수필집을 내긴 했지만 미흡함을 느끼던 차에 그분은 나를 진정한 문학의 숲으로 초대한 것이다.

2002년 9월 첫 수요일 10시, 그 분의 강의를 듣기 위해 현대백화점 무역센터점 문화센터 강의실에 들어섰다. 강의실엔 젊은이로부터 연세 드신 분까지 40여 명이 빽빽이 앉아 있었다. 1교시 인문학 강좌와 2교시 수필쓰기 시간까지 두 강좌를 듣기로 했다.

　인문학 강좌는 3개월 단위로, 세계문학 권역별로 러시아 문학, 유럽문학, 동양문학, 미국문학, 세계문학상 등으로 나누어진 강의였다. 매 강의를 들을 때마다 탄성이 나올 만큼 매료되었다. 세계사, 지리, 철학, 문학을 관통하며 시공을 넘나드는 문학사를 논하는 그 분의 강의는 1시간 반이 부족할 정도로 저절로 나를 몰입하게 했다.

　수필 강좌 시간에는 그 분 홈페이지에 있는 작가들의 시, 소설, 수필에 대한 작품 감상을 했다. 문학평론의 대가인 그 분은 유명한 시인의 시일지라도 이 시는 이래서 C학점 밖에 안 된다고 가차 없이 평하고, 이 수필은 사물 하나에 대한 관찰이 예리하고 인간사와 비유해서 쓴 작품으로 수필공부에 도움이 될 터이니 필독하라고 했다. 문학에 대한 깊이 있는 안목을 갖게 된 시간이었다.

　강의를 들으면서 영감을 얻어 글을 쓰기도 했다. 그분은 발터 벤야민의 '아우라'에 대한 강의를 하면서 누구든 맨 먼저 이걸 소재로 글을 쓰는 사람이 임자라고 했다. 나는 집에 돌아오자마자 아우라를 주제로 「무국을 끓이며」란 글을 쓰기도 했다.

수필 강좌 시간, 내 글에 대한 합평을 하면서 교훈조의 글에서 탈피해야한다고 따끔한 조언도 해주었다. "설교나 훈계는 목사나 교사에게 맡기고 문학에서의 가치 판단은 오로지 독자의 몫"이라고 강조했다.

　강의가 끝나면 모두 함께 점심식사를 했는데, 화기애애한 가운데 그분은 많은 조언도 해주곤 했다. 산문문학으로는 러시아 문학이 최고봉이며, 시는 한시를 섭렵해야 한다면서 수필을 잘 쓰려면 중국문학을 공부하는 게 좋다고 일러주었다. 마침 우리 강좌가 있는 날 오후에 허세욱 교수님의 한시 강좌가 있으니 꼭 들어보라고 권하기도 했다. 열심히 듣고 한시를 바탕으로 수필을 써보라고 했다. 그분 가르침대로 4년 동안 허세욱 교수님의 강의까지 들으면서 이 백, 소동파, 한 유 등 중국문학의 매력에 빠졌지만, 한시를 바탕으로 많은 수필을 쓰지 못해 아쉬움이 남는다.

　그분은 2006년 5월, 월간 『에세이플러스』(현 『한국산문』)란 수필교양잡지를 회원들과 함께 발간하여 그해 11월, 내게 회장직을 권유하여 내가 그 직을 맡았다. 잡지 발간을 위해 매달 두 번씩 갖는 편집회의, 문학 세미나, 타 문학행사에 참여하면서 시, 수필, 소설에 대한 새로운 이해와 문학에의 깊이를 확장할 수 있었던 뜻있는 시간들이었다.

평생 잊을 수 없는 고마운 일이 있다.

그 분께 "그동안 쓴 작품이 50여 편 모여졌는데. 책으로 묶을 수 있을까요?" 조심스럽게 말씀드렸더니 보자고 했다. 그분의 세심한 검수를 거쳐 탄생한 내 두 번째 수필집이 『멘토를 찾아서』이다. 작품에 대한 그 분의 해설 또한 얼마나 감동 깊었는지 모른다.

2009년 3월 26일, 출판기념회를 여는 날엔 김병권, 윤재천, 강석호, 유혜자, 정목일, 조한숙, 고 허세욱 선생님 등 원로 수필가들을 초대하여 축사 겸 작품 평도 했다. 200여 명의 에세이플러스 회원들의 축하도 오래 기억에 남는 일이다.

그해 겨울, 수필집 『멘토를 찾아서』가 28회 한국수필문학상을 수상하게 되는 기쁨을 안았다. 내 수필집을 읽은 지인들이 분에 넘치는 찬사를 해줄 때마다 참으로 기뻤다. 그분의 인문학 강좌와 수필 강좌를 10여 년 이상 들은 덕으로 나 또한 지금까지 수필 강의를 하고 있는 일 또한 감사한 일이다.

글을 시작할 때마다 "주제가 뚜렷한 글, 먼지를 뒤집어쓰고 있는 기억의 보고에서 찾아낸 자신만의 신선한 소재, 간결하되 자신만의 문체로 쓴 감동적인 문장, 감상에서 벗어난 서사적인 글"

을 강조하던 그 분의 음성이 들려오는 듯하다.

평생 교육계에 몸담았던 나를 문학의 숲으로 안내하고, 큰 나무로 성장하길 바래준 임헌영 교수님. 그분은 진정 내 문학의 멘토이다.

내 발에 맞는 신

 신발은 내 몸의 일부는 아니지만, 나와 늘 함께한다. 내 지나간 여정을 신발은 알고 있다. 내가 세상 속으로 나가기 시작하면서부터 신발과의 동행은 시작된다. 아이 때부터 청소년기, 성인이 되면서 내 발의 크기에 따라 함께 커질 수 있는 운명공동체이기도 하다. 신발은 신체의 일부처럼 밀착되어 생활하지만 신체와는 달리 내가 선택할 수 있다. 마음에 맞는 디자인의 신발을 신중하게 고른 후, 신어보고 발에 맞는지 가늠해 보면서 나의 여정에 동행할 신발을 최종 선택한다. 구두, 샌들, 운동화, 슬리퍼 등 여러 개를 가지고 있지만 오직 한 켤레 신발 안에만 발을 담아 길에 나설 수 있다.

 신발장 앞에 섰다. 오랜만의 나들이라 어떤 신을 신을까 궁리하며 신들을 둘러보았다. 구두, 운동화, 등산화 등 수십 개의 신들로 그득했다. 그 중에는 즐겨 신는 것도 있지만 한 번 신고 그대로 먼지만 뒤집어쓰고 있는 게 더 많았다. 모양이 마음에 들어 샀지만 굽이 높아서, 발이 불편해서였을 것이다. '정녕 내 발에 딱 맞는 신발을 고를 순 없었을까' 생각하며 한참 동안 신발장 앞에 서 있었다.

사람들은 언제부터 신을 신게 되었을까? 가장 오래된 신발은 기원전 2000년경, 고대 이집트에서 저초(파피루스)로 엮은 샌들로 열사熱沙에 발을 보호하기 위한 것이었다고 한다. 서양에서는 가죽, 비단, 천을 사용하여 만들어 신었으며 서민들은 나막신을 많이 신었다 한다. 우리나라의 신은 개화기까지 짚신, 미투리, 나막신 등을 사용하였으나, 갑오개혁 이후 근대화 물결에 따라 서양 신이 등장하면서 운동화를 신기 시작하였다.

나에게도 신에 대한 추억이 몇 가지 있다. 어린 시절 명절이면 어머니는 고운 명주 치마, 저고리와 함께 예쁜 고무신을 머리맡에 놓아주곤 했다. 여섯 살 때이던가, 아버지가 리본 달린 까만 에나멜 구두를 사다 주었다. 그 예쁜 구두를 손등으로 반들반들 닦느라 얼마 신지도 못하고 동생에게 물려주어야했던 아쉬움이 있다.

아픈 기억도 있다. 사범학교 입학할 무렵부터 아버지의 사업 실패로 가세가 기울어져서 운동화 한 켤레를 1년씩이나 신고 다녔다. 비가 내리던 어느 날, 복도 신발장에서 뒤축이 다 닳은 내 운동화 옆에 친구의 옥색 장화가 나란히 있는 것을 보았다. 순간, '참 예쁘다 한번 신어볼까' 하다가 꾹 참았다. 하지만 그 시절의 가난이 전혀 부끄럽지 않았으며, 당당하게 버티었다. 어른이 되어 마음에 드는 신발을 사 신으면서도 가끔 그 옥색 장화가 떠오르곤 한다.

나에게 글쓰기란 옥색 장화 같은 의미가 아니었을까? 신장 안에 근사하게 놓여 있지만 결코 신어 볼 수 없는…

글쓰기의 시원始原은 내 안에 아름다움을 발견하면서 부터였다. 청보리가 펼쳐진 들녘의 아름다움이 마음의 빗장을 열고 들어오면서 존재 근원의 아름다움을 만나 언어로 표현하고 싶은 갈망이 샘솟았다. 그러나 마음만 가득했지, 아름다움을 느끼는 만큼 언어로 구현하질 못했다.

문학 지망생이던 20대에는 교사생활을 하면서 틈틈이 시를 썼다. 서툰 시를 읽어 본 선배는 영혼이 맑은 시인이 되라고 했다. 좋은 시를 쓰려면 우선 철학공부를 해야 한다면서 니체, 플라톤 등 철학 책등을 권해서 읽었지만 철학서적은 어렵기만 했다. 또한 밑줄 친 시집도 여러 권 주면서 시의 맛을 느끼며 깊이 읽어 보라고 했다.

한동안 시 쓰기에 열정을 쏟아 몇 십 편의 시를 썼지만, 시 쓰는 일이 점차 어려워졌다. 그 선배는 어느 문학지에 시를 추천해 주겠노라고 습작을 더 해보라고 격려해줬지만, 결혼하면서 그 꿈도 자연스럽게 묻히고 말았다. 시인이 되려면 천부적인 재능과 번득이는 영감, 뛰어난 언어표현력을 지녀야 하는데 내 감성 하나만으로는 어려운 길임을 뒤늦게 깨닫고 아쉽지만 그 꿈을 접었다.

문학은 가슴 깊은 한편에 간직해 온 갈래머리 앳된 시절의 첫사랑 같아서 잊고 지내다가도 한 번씩 내 안에 아름다움이 일렁이면 그 시절의 간절함이 되살아나곤 했다. 매년 신문에 신춘문예모집 공고를 보게 되면, 젊은 시절 이루어질 수 없었던 사랑을 우연히 마주친 듯 가슴이 쿵 내려앉았다. 이번엔 소설의 문을 두드렸다. 현대문학 창작 교실을 찾았다.

소설과의 만남은 많은 사람들이 흠모하는 연인과의 데이트처럼 기대가 크고 흥분되었으나, 나와는 맞지 않아 만나면 만날수록 점점 멀어지는 듯했다. 기초반을 마치고 연구반 6개월 동안 겨우 중편 한 편을 완성하여 합평을 받았다. 소설은 다양한 체험을 바탕으로 허구의 세계를 구성하는 장르로 뛰어난 상상력과 묘사능력이 있어야 하고, 플롯 구성 능력에다 자료와 정보 수집 등 많은 노력과 시간을 기울여야 하는 작업임이 틀림없었다. 소설은 더더욱 내 발에 맞는 신이 아님을 깨달았다. 과감히 그 신을 벗고 소설의 독자로 남기로 했다.

그러던 어느 날, 수필이 내게로 왔다. 살아온 날들에 대한 기억들에 생각을 입혀서 쓰는 수필이야말로 내게 딱 맞는 신이라고 신명나게 써댔다. 덕분에 평생 열정을 쏟았던 교직을 떠나면서 첫 수필집 『비상을 꿈꾸며』를 엮었다.

어느 수필가는 스스로에게 질문해보라고 했다. '내 글이 수필일까?' '내 수필이 문학일까?'라고. 제대로 된 수필을 쓰려면 문학성이 있어야 한다는 의미일 것이다. 문장표현력은 기본이지만 삶의 체험을 객관화시켜서 사유하며 성찰하고 자기 관조의 경지까지 이르러야 하고, 위트와 감동까지 내포하고 있어야 하리라.

한유(韓愈, 768~824)는 「맹동야를 보내면서」에서 "대범물부득기평즉명大凡物不得其平則鳴, 무릇 존재가 그 평안을 얻지 못하면 울게 된다. 기가야유사基歌也有思, 노래를 부르는 것은 생각이 있어서다"고 했듯이 절박한 고뇌와 영감이 떠오를 때 비로소 진정한 글이 탄생된다는 의미인 듯싶다.

수필은 내 몸에 딱 맞는 옷이요, 신발이라고 생각하며 써 온 20여 년, '나는 왜 글을 쓰고 싶은지, 내 안의 아픔과 상처가 무엇인지?' 깊은 내면을 응시하면서 깊이 사유하고 또 사유하여 내 영혼의 진수를 길어 올려 새로운 수필의 지평을 열어가고 싶다.

절망 속에서 틔운 싹

 마지막이란 단어를 떠올리니 왠지 슬프지만 은퇴한 뒤 새로운 캠프에서 그들을 만난 일은 커다란 축복이었다. 유한한 삶 속에서 영원한 것이 어디 있으랴. 이제는 그 캠프를 떠날 시점에 다다른 듯싶다. 젊은 시절부터 꿈꾸던 문학의 길에 들어서 인문학과 수필 공부에 매진했던 일들이 그들을 만나기 위한 준비과정이 아니었을까.
 2008년 봄부터 H지역 정신건강센터에서 그들을 만났다. 그곳은 정신질환을 앓은 뒤, 회복 중에 있는 회원들이 사회에 복귀해서 정상적인 생활을 영위할 수 있도록 여러 가지 지원프로그램을 운영하는 곳이다.
 회원들에게 한자 지도를 하고 있던 어느 날, S관장은 나에게 글쓰기 지도를 부탁했다. 그 분은 회원들에게 글을 쓰게 하면 마음의 치유가 되지 않을까 하는 바람이 있어서라고 했다. 글쓰기는 자신과 만나는 일이다. 내면 깊숙이 도사리고 있는 상처를 글로 표현하면 그 상처나 고통이 치유되리라는 생각에서 바로 수락을 하고 글쓰기 지도를 시작했다. 그러던 중 S관장의 아이디어로 장애인과 비장애인이 함께 하는 '작가의 길' 프로젝트 기획안이 서울시에서 채택이 되어 매주 토요일 문학 강좌를 열게 되었다. 수필 반은 내가, 시詩반은 K시인이 맡아서 강의를 했다.

여러 센터에서 30여명의 회원들이 참석했다. 우선 글쓰기에 대한 기초와 수필 이론을 파워 포인트를 이용해 강의했다. 회원들은 기대 이상으로 인지를 잘했다. 모두 무척이나 희열을 느꼈고 강의실은 회원들의 의욕으로 열기가 가득 찼다.

회원들은 그동안 마음속에 옹이처럼 박혀있는 상처들을 조금씩 꺼내어 글로 표현하며 스스로를 치유하고 있었다. 이 자리에 오기까지 망상, 환청과의 치열한 싸움, 자신과의 싸움을 이겨낸 회원들이기에 작품 하나하나는 아픔과 진솔함이 그대로 배어있었다.

긴 투병 생활을 해 온 그들은 독한 약으로 기억력은 감퇴되고 어휘도 많이 잊어버렸다고 한탄했다. 학창시절의 친구들은 연락이 끊기고, 취업을 시도하지만 번번이 외면당한다고 했다. 좌절과 절망을 못 견디어 삶을 포기하려한 일도 많았다고 고백했다.

무엇보다도 그들은 정신장애라는 사회적 편견과 불평등한 대우를 가장 힘들어했다. 동병상련同病相憐이라고, 나 또한 가족의 고통을 감내해 왔던 터였기에 이들의 아픔을 보듬어 주어 회복하도록 하자는 심경으로 온 마음을 다했다.

그들은 정신질환으로 인해 결혼을 못했거나, 이혼 후 부모에게 의존해 사는 이도 있지만 대부분 공동주택에서 사회복지사의 도움을 받으며 살아가고 있다. 사회나 가족 안에서도 인정을 받지 못하고 열등감에 빠져있던 회원들이 글쓰기를 통해서 자신감과 자존감을 회복하고 있는 모습을 보면서 희망이 보였다.

'나도 작가가 될 수 있다'는 목표를 이루는 사건이 일어났다. K회원이 '김삿갓 백일장'에서 「네 잎 클로버의 행운」이란 작품으로 장원을 했다. 그 때의 기쁨을 어떻게 다 표현할 수 있을까, 내가 상 받은 것처럼 기뻤다. 그는 장원 작품으로 월간 『한국산문』을 통해서 등단했고, 현재 수필가로, 시인으로 활동하고 있다. 여러 회원들이 백일장에 나가서 장원, 준장원, 가작 등을 받으면서 수필잡지에 등단하는 기쁨을 얻게 되었다.

'천둥과 번개' 회장을 역임한 P는 정신장애인의 인권을 위해서 '마인드 포스트'란 신문사를 지인과 설립하여 편집국장으로 일하면서 장애인 자립센터장을 맡아 운영하고 있다. 그동안 발병한 뒤 많은 어려움을 극복하고, 당사자로서 정신장애인들을 위해서 헌신하고 있는 그가 참으로 자랑스럽다.

그들을 지도하면서 충격적인 일을 겪기도 했다. 어느 날, '작가의 길' 회장을 맡고 있던 K회장의 갑작스런 부음을 들었다. 글에 재능도 있고 열심이어서 내가 추천하여 등단까지 했고, 연말에는 회원 문집을 내겠다는 계획도 세우고 있었는데 스스로 삶을 마감한 것이다. 등단작품에서 홀로 된 어머니가 지금껏 자신을 살펴주었으니 이제는 어머니의 등대가 되겠다던 그였다. 주변에선 그가 취업을 한 뒤, 거주하고 있던 장애인 임대주택이 취소된다는 통보를 받고 극단적인 선택을 했다고 추측했다. 장애인에 대한 제도적인 대책은 아직도 미비하다. 사회가 이들을 좀 더 품어 주어야하지 않을까? 참으로 안타깝고 슬픈 일이어서 한동안 충격에서 벗어나기 힘들었다.

가끔 정신질환자의 사고 소식이 언론에 보도 될 때마다 대부분의 사람들은 정신질환자들은 사고를 치는 사람들이니 정신병원에 입원시키거나 사회에서 격리해야한다고 날선 비판을 하곤 한다. 15년 동안 글쓰기 지도를 하면서 만난 당사자들은 위험한 대상이 아니었다. 그들은 유순하고 착했다.

「뷰티풀 마인드」의 주인공 존 내쉬는 조현병으로 평생 환시에 시달리면서도 가족과 동료들의 보살핌과 지원으로 회복하여 노벨상을 수상하고, 대학 강단에서 다시 강의를 할 수 있었다. 정신장애인들도 감기나 당뇨환자처럼 치료받으면서 사회생활을 할 수 있다는 인식의 전환과 이들을 위한 적극적인 지원이 필요하다.

지난해부터 서울시 정신건강 통합센터에서 하는 '나와 세상을 바라보는 글쓰기'란 프로그램도 맡아 강의하고 있다. 회원들이 즐거운 마음으로 글쓰기에 접근하도록 강의 준비를 하면서 스스로 행복한 시간이었다. 절망과 좌절을 겪고 있는 회원들이 글쓰기를 통해서 희망의 싹을 틔우는 모습을 지켜보는 것은 큰 기쁨이고 보람이었다. 이제 이 강의도 마무리하게 되었다.

남은 노년의 시간은 지나 온 삶을 감사하면서 내게 주신 달란트를 또 다른 누군가의 고통을 치유하고 희망의 싹을 틔우는데 쓸 수 있다면 더할 나위 없이 기쁘리라.

'백미', 그 행복한 동행

 백미白眉. '흰 눈썹이란 고사성어로 여러 사람 중에서 가장 뛰어난 사람 또는 작품'이란 뜻을 내포하고 있는 백미를 만났을 때는 막 싹을 틔워 잎을 피우는 작은 문학나무였다. 이제는 커다란 나뭇잎과 튼실한 열매가 가득 열린 서른 살 거목이 되었다. 나 또한 백미를 통해서 문학의 뿌리를 내릴 수 있었기에 이 글을 쓰는 마음은 각별하고 감회가 깊기만 하다.

 20대부터 지녔던 문학에의 꿈을 이루지 못하고 오랫동안 가슴앓이만 했다. 그러던 중 서울 영풍초등학교 교감으로 재직하던 1997년 여름방학, 박상연 선생님의 권유로 서울 동자초등학교에서 개최하는 교사문예창작 연수에 동참하게 되었다. 문학에 대한 갈증을 갖고 있던 나는 문학 강의가 신선하기만 했고 『백미문학』 3집을 받아들고는 동인들의 글을 단숨에 읽었다.

 그 해 9월, 광화문 음식점에서 가진 백미문학 모임에 참석하고 바로 회원으로 가입했다. 회장님은 고 심영구 선생님이었고, 김지상 선생님과 많은 분들이 따뜻하게 맞아주었다. 2개월에 한 번씩 모임을 가졌는데 회장님은 해박한 문학이야기를 들려주었고 출간한 수필집을 선물로 주기도 했다. 회원들은 시, 수필, 동시, 동화 등 자신에게 맞는 장르를 선택하여 매진하고 있었다.

 그토록 소망하던 문학의 울타리 안에 들어왔으니 독서도 많이 하고 글도 열심히 써보려 했지만 학교생활을 병행하자니 쉽지 않았다. 드디어 『백미문학』 4집에 수필 「어떤 친구」 한 편을 게재했다. 내 글이 실린 동인지를 받아들고 얼마나 감명이 컸던지 읽고 또 읽었다. 그다음 해 부터는 두 편씩 게재하곤 했다.

 1999년 3월, 서울 숭례초등학교 교장으로 부임하면서 서울문예창작연구회장을 맡게 되었다. 하계, 동계방학 때마다 문인들을 초청하여 강의를 듣고 회원들은 분과별로 나누어 토론도 활발하게 했다. 고 조경희 선생님의 '수필은 감동을 주어야', 장백일 교수의 '한국미의 뿌리', 황금찬 시인의 '정신으로 승리한 문학', 정연희 소설가의 '느림의 미학' 등의 강의를 들으면서 문학에 대한 갈증을 조금씩 해소해 나갔고 인문학의 깊이를 이해하는 단초가 되었다.

 2000년 여름 방학, 처음으로 문학기행을 병행하기로 했다. 학교에서 강의를 하고 하루 코스로 문학기행을 하기로 했는데 봉평의 이효석 생가, 박경리 토지문학공원, 정약용의 묘, 허난설헌의 묘로 정했다. 처음 시행하는 문학기행이라서 염려하는 분도 많았고 준비도 만만치 않았지만 총무를 맡은 신정화, 박정순 선생님을 비롯한 많은 임원진들이 혼신의 힘을 기울여 행사를 잘 진행할 수 있었다. 운전면허를 취득한지 얼마 안 된 신정화 선생님은 혼자서 용감하게 사전 답사에 나섰다. 마침 비가 내리는 날, 밤중에 산길을 헤매고 있다는 소식을 듣고 얼마나 가슴을 졸였던지…

문학기행을 떠나던 날 이른 새벽, 임원진들은 회원들에게 줄 따끈한 백설기를 주문해 오고, 선물로 줄 출간한 책들을 가져오는 회원도 있었다. 그 열정을 어떻게 다 표현할 수 있으랴. 일정이 빡빡하긴 했지만 뜻있는 문학기행이었다.

2000년 겨울방학 땐 『상록수』의 저자 심훈 선생 생가 방문, 2001년 여름에는 단종 묘와 김삿갓(병연) 시비를 찾아보는 문학기행을 했다. 강가에 늘어선 김삿갓 시비를 보며 낭송도 하고 신록이 우거진 숲에 들어가 쉬기도 했다. 회원들이 모두 숲속 자갈밭에 누워 지친 몸을 쉬었다. 나뭇잎 사이로 보이던 파란 하늘 한 조각, 싱그러운 풀내음 속에 잠겨 있자니 잠시 시선詩仙이 된 듯 행복했다.

문학기행에 참석한 회원들은 평소에 찾기 힘든 곳을 방문하니 참 좋고 오가는 차 안에서 간단한 독서문답이나 시 낭송 등을 하게 되어 보람이 있다며 연수열기가 점차 높아져 갔다. 문학기행 덕분에 연수 인원이 200명을 훌쩍 넘어서 기일을 정해 놓고 신청마감을 서둘기도 했다. 기행 후에 백미문학회에 가입하는 선생님들이 점차 늘어 교사문예활동으로 자리매김하게 되었다.

나 또한 문예창작 연수를 위해서 강당에 좌석배치며 연수자료 준비 등 기쁜 마음으로 신명나게 직무연수를 추진했다. 그동안 직무연수를 준비하느라 회원들이 지치기도 했다. 임원진 몇 분은 문예창작 연수를 위해 기운을 뺏겨 백미문학의 본질인 글을 쓰는 일에 소홀해지지 않겠느냐는 우려의 목소리를 냈다. 하지만 백미문학과 문예창작은 쌍둥이처럼 맞물려 있고, 문예창작 연수 때 문인 초청 문학 강의는 선생님들에게 문학의 기초를 다지는데 큰 의미가 있었고 새로운 회원을 맞아들이는 창구역할도 해 주었기에 직무연수를 계속하기로 했다.

심영구 회장님이 나에게 등단할 것을 권하여 「밍크코트가 뭐기에」와 「어머니와의 약속」 두 편을 탈고하여 심회장님 지도를 받았다. 1999년 『한국수필』 11, 12월호에 두 작품으로 신인상을 받으며 문단의 관문에 들어섰다.

2002년 정년퇴직을 하면서 첫 수필집 『비상을 꿈꾸며』를 출간했을 때 퇴임식과 함께 출판기념회를 겸했는데 백미문학회회원들이 많이 참석하여 축하해 주었다. 수필집 출간으로 정년퇴임의 아쉬움도 다 묻히고 축제 분위기로 퇴임식을 맞은 것은 큰 축복이었다.

2006년부터 4년 동안 백미문학회 회장을 맡았다. 심회장님이 내게 해 준 것처럼 비등단 회원들의 작품을 첨삭 지도한 뒤 문학잡지에 추천, 등단의 길을 터주었다.

초등문예창작연구회 주관으로 2004년 4월부터 12월까지 10여 명의 연구위원들이 문예창작영재 프로젝트를 개발하는 작업을 시도한 일은 지금 생각해도 잘한 일이었다. 초등문예창작 연구 회장인 신원영 교장선생님을 비롯한 현직 교사와 퇴직 교원 10여 명이 영재분야의 박사와 연구원의 자문을 받고 아이디어를 내서 문학영재 판별도구와 시, 산문, 희곡 장르의 교수, 학습 프로그램을 개발한 연구 보고를 했다. 우리 팀이 개발한 문학영재 프로젝트가 먼 훗날 대문호가 태어나도록 그 싹을 틔우는 일로 이어지기를 소망하면서.

하지만 2020년 8월, 봉화 보부상길 체험문학기행 후 백미문학회와 초등문예창작연구회가 여러 여건상 결별의 시간을 갖게 되었다. 연구회의 하계, 동계 연수 시 퇴직 교원들의 참여 문제, 문학기행 참여문제 등이 대두되어 불가피한 일이었다. 현재는 초등문예창작연구회가 아예 소멸되어 아쉬움으로 남는다.

생텍쥐페리는 "사랑하는 것은 마주 보는 것이 아니고 같은 곳을 바라보는 일"이라고 했다. 문학이라는 같은 지향점을 지니고 모인 백미, 문학의 진수를 찾기 위해 노력하고, 일상의 기쁨과 고통을 문학으로 승화시켜 작품의 질을 한껏 높이고 있는 백미 회원님들… 좋은 글을 많이 써서 문학잡지에 발표도 하고 시집, 수필집 등 작품집을 발간하여 문단활동을 하는 것이 자랑스럽고 기쁘기 한량없다.

2001년 여름 연수 때 수필 강사 강범우 선생은 동인지 7집이라니 대단하다고 엄지손을 치켜들며 치하를 해주었는데, 어느덧 백미 30집이라니 감개가 무량하다.

30년 전, 백미문학을 창립한 고 심영구 회장님과 김혜숙, 서현성, 김지상, 이명순 회장님, 백미 카페 운영으로 회원들의 소통의 장을 만들어주는 박정순 현 회장님, 백미 살림살이를 알뜰하게 운영하는 서강옥 재무국장님, 그리고 백미를 사랑하는 회원님들의 열정이 있었기에 백미가 서른 살 거목으로 성장한 게 아닐까 싶다.

만나면 반갑고 편안해서 백미모임에 가는 날은 마냥 설레어 한걸음에 달려간다. 좋은 글 서로 나누고 따끔한 조언도 서슴지 않고 격려하며, 기쁜 일은 함께 나누며 슬픈 일은 서로 다독이는 가족 같은 백미가 행복한 동행이길 소망한다. 또한 회원님들 모두 스스로를 담금질하여 새로운 문학의 지평을 열어가길 기원한다.

한무숙 문학관을 찾아서

문우들과 함께 한무숙 문학관을 찾았다. 서울 종로구 명륜동 주택가, 주변은 온통 아파트와 다세대 주택으로 둘러싸여 있는데 이곳만은 전통한옥으로 고고하게 자리하고 있어 더욱 돋보였다. 한무숙 선생의 호 향정香庭처럼 아담한 정원에 들어서니 가을 햇살을 담뿍 받고 있는 꽃들과 함께 선생의 장남인 김호기 관장이 우리를 반갑게 맞아주었다.

선생은 1942년 『신시대』지의 장편소설 공모에 일본어 소설 『등불 드는 여인』이 당선되어 등단했으며, 이어 1948년 부산 『국제신보』에 장편소설 『역사는 흐른다』가 당선되어 『태양일보』에 연재했다. 1956년 첫 창작집 『월훈月暈』을 출간했으며, 1957년 단편 『감정이 있는 심연』으로 자유문학상을 수상하였다. 그 후 장편 『빛의 계단』을 비롯한 5편의 장편소설과 『생인손』을 비롯한 단편소설 34편, 『열길 물 속은 알아도』 외 2권의 수필집을 출간하는 등 눈부신 활동으로 3.1문화상, 대한민국 예술대상을 수상하기도 했다.

30을 갓 넘긴 새댁 시절, 마감을 40여일 앞두고 연필로 쓴 『역사는 흐른다』가 국제신보 신춘문예에 당당히 당선되었으니 대단한 문재文才임이 틀림없다. 이 작품은 근래에 하와이대학에서 영역英譯으로 출판되었고, 장영우 교수가 "이 소설은 백범 김구 노선"이라고 주장해서 주목을 받았다. 조남현 교수는 "독립운동 관점에 의한 신성사神聖史로 파악하면서 주요 주인공들은 영웅사관과 연결된다."고 평가했고, 문학평론가 임헌영 선생은 다음과 같이 역설하고 있다.

"한무숙의 대표작인 『역사는 흐른다』는 한국 소설사에서 다음 두 가지 이유로 재평가 받아야 할 중요한 의미를 지니고 있다. 첫째는 8.15 이후 남북한 문학사에서 처음으로 시도한 대하역사소설이란 점이며, 두 번째로는 8.15 직후의 어떤 정파와 사회운동이나 이데올로기와도 관련을 맺지 않은 채 앤더슨의 '상상의 공동체' 이론에 입각한 투명한 역사의식을 반영시켰다는 점이다. 이 소설에서 작가가 제시하는 역사란 민족과 국가관에 입각한 영웅이 아닌 보통사람들의 삶이다. 독립운동을 절대 선으로 보고 친일세력을 절대 악으로 보는 흑백 논리가 아니라 저마다

의 주어진 운명에 따라 역사의 굴곡을 힘겹게 헤쳐 나가는 것으로 작가는 그렸다. 이 소설은 톨스토이의 『전쟁과 평화』처럼 두 가문의 역사를 중심으로 그 주변 인물들을 흡수하여 사건을 전개해 나간다."

『역사는 흐른다』는 조선조 말부터 해방에 이르는 조 씨 가문의 3대에 걸친 영욕과 역사의 우여곡절 속에 민중의 삶을 조명시킨 소설로 동학농민 운동부터 분단시대에 이르는 한국현대사를 조명한 작품이다. 무엇이 그녀로 하여금 시대를 앞서가는 사고를 가능하게 했을까? 그가 지니고 있던 부와 기득권을 넘어서 탁월한 능력과 직관으로 기존 작가들의 통념을 뛰어넘는 진보성 내지 관용성을 과감히 드러냈다는 점에서 높이 평가 받을 수 있는 작가임에 틀림없다.

1957년 『문학예술』에 발표한 단편소설 「감정이 있는 심연」은 상류층 여성의 원죄의식을 다룬 심리소설로 자유문학상을 수상한 문제작이었다. 한무숙 선생은 "나는 사람의 성격이 곧 운명이 되고, 아집과 미망이 비극을 자아내는 이야기를 썼다. 그리고 이런 일은 어느 특정인에게만 있는 일이 아니고 존재 그 자체가 모순인 인간 모두에게 내잠內潛되어 있는 슬픈 본태라는 것을 말하고 싶었다."고 고백했듯이 인간의 운명이 성격에 의해 좌우된다고 생각했던 듯싶다.

이 소설을 다시 읽으면서 '나는 운명, 성격, 사회적 상황을 몇 퍼센트씩이나 영향 받으며 살아왔을까?' 반문하면서 나 또한 작가의 주장처럼 성격이 운명을 좌우한다는 생각으로 일관되게 살아왔음을 부인할 수 없다.

한무숙 선생이 40년을 살다 간 전통 한옥인 한무숙 문학관은 작가의 부군인 김진흥 선생이 1993년 문학관으로 개조했고, 운영주체는 한무숙 재단이다. 대지 98평, 연면적 108평의 시설에 서화 30여 점, 유고 수천 매, 도서 만여 권, 유품 등이 소장, 전시되어 있다. 12월에서 2월은 휴관하고 매주 월요일부터 금요일까지 개방하고 있으며 장남인 김호기 관장 내외와 학예사 2명이 안내와 해설을 맡고 있다.

누구보다 왕성한 노작으로 활발한 작품 활동을 했는데도 정작 작가는 "숱한 소설을 발표했지만 아직 회심작이라는 것을 쓴 것 같지가 않다. 다만 처음부터 일관되고 있는 것은 존재의 의미, 죽음의 의미, 변천의 의미, 신비의 추적이다."고 자신의 문학을 겸허하게 회고한다. 『동아일보』 인터뷰에서 작가는 다음과 같이 말했다.

"인간이란 비참과 위대의 풀 수 없는 혼합, 모순, 끊임없는 갈등과 분열 속에 허우적거리는 극적 존재라고 갈파한 파스칼의 말을 되새기며 그 비참을 아는 까닭에 인간은 위대하다고 한 그 '위대한' 명구를 나는 아직도 처음 읽었을 때와 같은 신선하고 순수한 감동으로 찬탄하고 있다. 나의 감동의 원천과 관심의 향방은 나이를 먹어도 그리 크게 달라지지는 않은 것 같다."

한무숙 작가는 어려서부터 그림에 탁월한 재주를 보여 초등학교 2학년 때 베를린 세계 만국 아동 그림 전시회에 입상하였으며, 곧 정식으로 서양화 공부를 시작하여 일본인 화가 아라이 荒井畿久代 씨에게 사사師事한 후 20세가 되기 전에 『동아일보』에 김말봉金末峰의 연재소설 「밀림密林」의 삽화를 그렸다. 그러나 결혼 후 엄한 집안의 며느리로서 그림 그리는 일이 불가능해지자 작가생활로 바꾸게 되었다. 남편 백농 김진흥이 서화에 흥미를 가지게 되자, 다시 아마추어 화가로 그림을 그리게 된 것은 1970년대였다. 후기에는 동양화를 주로 그리게 되었으며 부부 서화전을 3회나 가졌다.

한무숙문학상도 운영하고 있는데 작가가 세상을 떠난 해인 1993년에 남편 김진흥이 한무숙재단을 설립하고 1995년부터 시상하였다. 제2회부터는 일간스포츠에서 주최하고 한국일보사가 후원하며 수상자에게는 상패와 상금 1000만원이 수여되고 있다. 1회 수상작은 박완서의 『환각의 나비』였다.

또한 1995년에는 조지워싱턴 대학(GW)에 한국학 관련 한무숙(HMS)콜로퀴움이 설치되어 서울의 한무숙재단의 출연 기금으로 운영되고 있다. 세계 정치의 중심도시 워싱턴에서의 대부분 한국관련 행사가 정치적인 주제에 관심을 두는데 비해 매년 GW에서 개최되고 있는 한무숙 콜로퀴움은 한국학의 전통과 인문분야에 중점을 두고 국내외의 석학들을 초청하고 있다.

한무숙 문학관은 세기를 앞서 간 지성, 우리나라의 대표적 여류문인이자 그림, 도자기, 서예 등 다방면에 재주가 있던 르네상스적 인물 한무숙 선생의 체취와 발자취를 엿볼 수 있는 문학관이다. 향정香庭이라는 호에 걸맞게 향기 나는 정원과 각종 컬렉션이 품위와 격조를 지녔다. 국내외의 저명한 문인, 화가들과 교류하며 지냈던, 폭넓고 화려한 생활상이 묻어나는 아름다운 문학관이다.

양반가문에 시집가서 낮엔 시집살이에 지치고 좋아하던 그림은 그릴 형편이 되지 않자 환경에 안주하지 않고 문학의 길을 택하여 열정을 쏟아 많은 작품을 탄생시킨 한무숙 작가. 병약하여 대학진학을 못했지만 일본 문인들이 탄복할 정도로 완벽한 일본어를 구사했고 영어로 연설을 하였으며 불어에도 능통했던 작

가. 부유한 가정에서 성장하여 은행가인 남편과 결혼했는데, 남편은 시중 5개 은행의 은행장을 두루 역임하였다. 한무숙 작가는 2남 1녀의 자녀를 훌륭히 성장시킨 모범적인 어머니와 주부로 신사임당상을 수상하기도 했다.

뿐만 아니라 일본 『아사히 신문』과 대학에서 초청 강연을 했고, 국제펜클럽대회에서는 한국대표로 논문을 발표했다. 미국 조지 워싱턴대학과 하버드대학에서 통역 없이 영어로 문학 강연을 했다. 또한 한국 여류문학인회 회장, 한국 가톨릭 문우회 회장, 일본 문화연구회 초대회장 등을 역임하면서 한국현대문학사에 그가 남긴 업적은 일일이 열거하기 어려울 정도이다.

늘 건강이 안 좋았지만 불꽃처럼 살다 74세에 타계한 한무숙 선생. 생전에도 가족과 문인들, 많은 지인들로부터 사랑과 존경을 받으며 살아온 그의 자취를 기리는 가족들의 깊은 애정이 한 생으로 끝나지 않고 후대에 길이 이어지기를 염원해본다.

수필문학의 꽃을 피우려면

 21세기는 감성과 사유의 시대, 곧 수필의 시대가 될 것이라 한다. 실제로 전국에 5천여 명의 수필가가 활동하고, 수필 전문지 또한 20여 종에 달하니 겉으로 보자면 수필의 전성기라 할 만하다. 그러나 양적 팽창에 비해 질적 성숙은 과연 그에 걸맞게 이루어지고 있는가. 지금이야말로 수필문학의 꽃을 튼실히 피우기 위한 성찰이 필요하다.
 나에게 글쓰기는 학창시절 문예반 활동에서 시작되었다. 그러나 글에 대한 열망만으로는 충분치 않았다. 배움의 구조가 부재했고, 문학적 동반자도 없었다. 그렇게 긴 세월이 흐른 뒤 백미문학 동인에 가입하면서 비로소 체계적인 습작의 길을 걷게 되었다. 개인의 열정이 문학적 자양분으로 전환되기 위해서는 제도적 기반과 문학공동체가 필수라는 것을 절감했다.
 수필은 단순한 체험의 기록이 아니다. 자신의 삶을 객관화하고 성찰하며, 사유의 층위를 통해 인간의 보편적 정서를 포착할 때 비로소 문학이 된다. 한유의 말처럼 "대범물부득기평즉명大凡物不得其平則鳴", 곧 평정을 잃을 때 울음이 터져 나오듯 내면의 균열과 감정의 울림이 글로 승화될 때 진정한 수필이 탄생한다.

문학은 나의 일상에서 언제나 빛이자 위안이었다. 삶의 고비마다 글쓰기는 나를 구원했다. 한 편의 수필을 완성하기 위해 새벽까지 원고지와 씨름하던 시간, 기억의 저편에서 문장을 길어 올리던 노력이 모두 내 영혼의 성장으로 이어졌다. 이제는 긴 수련의 시기를 지나 자유로운 창작의 기쁨 속에서 지음知音을 찾고자 한다.

중국의 대시인 두보杜甫는 "내 시가 사람들을 감동시키지 못한다면 죽어도 쉬지 않으리라語不驚人死不休."고 했으며, 영국의 작가 폴 블런트는 『이집트의 신비』라는 기행수필을 쓰기 위해서 이집트 관광 당국에 열세 번의 건의서를 내며 피라미드에 24시간 머물러도 된다는 허가를 받으면서까지 위험과 고생을 감수하면서 글을 완성시켰다. 두보가 자기 자신에게 내린 엄숙한 명령이나 폴 블런트의 생명을 걸고 쓴 기행수필을 보면 숙연해진다.

좋은 수필을 쓰려면 깊은 내면 성찰과 꾸준한 독서가 선행되어야 한다. 독일 시인 노발리스는 "보이는 것은 보이지 않는 것에 다 있고, 들리는 것은 들리지 않는 것에 다 있다."고 했다. 들리지 않는 소리를 듣고, 보이지 않는 마음을 보는 통찰력이야말로 수필가의 눈이다. 사유의 깊이, 감성의 섬세함, 그리고 문장의 절제가 수필을 예술로 이끈다.

그러나 개인의 노력만으로는 충분치 않다. 수필문학의 꽃이 사회 속에서 자라기 위해서는 구조적 토양이 함께 마련되어야 한다. 문학단체는 신진 작가를 발굴하고 멘토링 시스템을 구축해야 한다. 지방문단과 수도권 문단의 교류를 활성화하고, 수필 전문 강좌와 창작 워크숍을 정례화함으로써 지속적인 문학 생태계를 만들어야 한다. 학교 교육과정에서도 감상 위주의 글쓰기에서 벗어나, 삶을 표현하는 '사유 글쓰기'로서의 수필 교육이 이루어질 때 다음 세대의 문학적 감수성이 자라날 것이다.

문학평론가와 학계의 역할도 중요하다. 수필이 다른 장르와 나란히 예술적 위상을 확보하기 위해서는 문학적 비평의 토대가 필요하다. 문학평론가 임헌영 선생의 말처럼, "한국 수필의 과제는 양적 팽창에서 질적 승화로의 도약"이다. 이를 위해 비평과 창작이 상호 작용하며 발전하는 문단 구조가 마련되어야 한다.

수필은 과거의 기록이 아니라 미래의 언어다. 우리의 일상과 사유, 고뇌와 기쁨이 정제된 문장으로 피어날 때, 그것이 바로 시대를 비추는 거울이 된다. 개인의 내면적 성숙과 사회적 문학 토대가 어우러질 때, 수필문학의 꽃은 비로소 깊고도 향기롭게 피어날 것이다.

사라진 트라우마

작가 이청준은 젊은 시절에 전짓불(손전등) 트라우마를 갖고 있었다.

혹독한 가난 때문에 중학교에 가기 위해 돈을 벌어야 했고, 서울대학교에 입학했으나 거처를 구하지 못한 밤이면 대학 강의실에 숨어들었다. 잠을 자기 위해 몰래 들어간 강의실에 수위는 전짓불을 비추었는데 휘두르는 불빛에 들켜 쫓겨나지 않으려고 몸을 피하곤 했다. 전짓불은 참을 수 없는 공포였다. 그에게 빛은 지독한 공포의 대상이었다. 「소문의 벽」에서 소설가인 주인공이 억압된 상황과 작가의 사명 의식 사이에서 절망하고 일체의 진술을 거부하는 병리 현상을 겪는데, 이는 한국 전쟁 당시의 '전짓불의 충격'이 공포증의 원인임을 밝히는 내용을 다루고 있다. 이청준 스스로도 "나의 문학 작업은 자기 구제의 한 몸짓으로서 출발되었다"고 고백했듯이 그는 소설을 쓰며 내적인 힘을 길러

트라우마를 이겨낸 것이다.

트라우마trauma란 어떤 충격적인 사건이 정신적인 상처가 되는 것을 뜻한다. 육체적인 종기가 아닌 심리적 종기, 이를 트라우마 증상이라 한다. 교통사고, 화재, 부모로부터의 폭력을 받은 충격이 원인이기도 하지만 성장의 욕구가 좌절되었을 때도 심리적으로 종기가 생긴다. 마음의 상처는 몸에 생기는 상처와 달리 신체적인 문제 자체는 없는 것처럼 보이지만, 충격적인 체험에 의한 쇼크는 뇌 속에 영속적인 생화학적 변화를 가져와 트라우마 후유증을 심각하게 만드는 원인의 하나가 된다. 트라우마를 경험하면 뇌의 정보처리 시스템은 커다란 혼란을 겪는다. 자극에 대한 적절한 대처는 없어지고 불안과 공포, 무력감을 나타낸다. 그렇기 때문에 받은 상처의 압력을 감소시키기 위해서는 마음속에 숨길 것이 아니라 그 경험에 대해서 이야기하거나 글로써 트라우마 경험을 과거의 일로 끝내야 치유가 가능해진다.

치유하는 글쓰기를 지도하던 중 만난 J회원은 「나의 트라우마는?」이란 글쓰기에서 자신의 트라우마는 아이들이라고 했다. 연애결혼을 하여 두 아이를 낳아 행복하게 살았지만 부부가 다단계에 발을 들여놓아 실패한 뒤 남편의 폭력이 점차 심해져 끝내는 이혼을 했다. 일곱 살, 두 살이던 아이들을 시댁에 빼앗기고 친구 집을 전전하면서 마음의 병까지 얻어 입퇴원을 반복했으며 아이들 생각으로 눈물이 마를 날이 없었다. 이제 고등학교 3학년, 중학교 1학년이 된 아이들을 못 본 지가 11년째라고 했다. 하지만 요즘엔 아이들 담임선생님의 도움으로 이메일을 주고받으며 지내고 있고 이웃의 격려로 아이들을 만날 희망을 품고 열심히 살고 있노라고 글을 끝맺었다.

J는 아이들과 이메일, 문자를 원활하게 하기 위해 글쓰기 프로그램에 참여하게 되었으며 일기도 꼬박꼬박 쓰고 있다고 고백했다. 남편의 폭력, 어린아이들과의 생이별은 그녀에게 깊고 큰 상처로 남아 있었으리라.

그녀는 자신의 글을 낭독하는 동안 울음이 복받쳐 올라 어쩔 줄을 몰랐다. 그녀는 글을 쓰는 동안 아이들을 만나지 못한 그리움과 서러움이 조금은 날아갔으며 낭독으로 트라우마가 치유되었노라고 고백했다. 종강하는 날, 그녀는 그 글로 최우수상을 받았는데 아이들 때문에 상을 받게 되었다고 함박웃음을 지었다.

'글로 쓰는 나와 세상' 프로그램에 6년 동안 참여한 K라는 청년이 있다. 중학교 재학 중 조현병이 발병하여 입, 퇴원을 반복하느라 학교를 중퇴해 버린 채 30대 중반이 되었다. 그의 초창기

글들은 매시간 판타지 만화나 소설이야기들이었다. 1시간 동안 꼬박꼬박 눌러쓴 긴 글을 읽는데도 벅찼고 이해하기도 힘들었지만 그와 대화를 하면서 잘 썼다고 칭찬해 주곤 했다. 그는 늘 자신이 만든 세계, 환상 속에 갇혀 지냈다. 하지만 글쓰기 강좌에 한결같이 참석하여 열정적으로 글을 쓰는 그가 참으로 놀라웠다. 그를 만난 지 3년쯤 지난 후부터는 판타지가 아닌 자신의 이야기를 써보라고 권유했다.

그에게 작은 변화가 왔다. 유년기에 아버지로부터의 편애와 폭력, 초등학교 시절의 왕따 등에 대해 솔직하게 쓰기 시작했다. 그럴 때마다 아주 잘 썼다고 칭찬해주면 무척 기뻐했다. 강의 시간이 끝날 무렵에야 글을 제출하는 그는 합평해주길 기다렸고 자신의 글을 먼저 낭독하겠다고 나서기도 했다.

그는 가끔 "자신은 비열한이며 자신의 글은 쓰레기이고 가치가 없는 글"이라고 자기비하를 하곤 했다. 그럴 때마다 반박하면서 자존감을 가지라고 조언해 주었다. 지적 호기심이 많은 그는 강의 도중 거론된 책은 꼭 사서 다음 시간에 들고 오기도 했다. 그는 글쓰기 강좌에 6년 동안 개근한 나의 애제자이다. 지난해 고등학교 검정고시에 합격했고 워드프로세스 자격시험에도 도전했다. 이제는 낮은 자존감에서 벗어나 점차 자아정체성을 찾아가고 있는 K, 얼마 전에 취업을 해서 열심히 일하고 있다.

그의 변화를 보면서 글쓰기는 마음의 빗장을 풀고 자신과 대면하면서 진정한 자신의 모습을 글로 풀어낼 때 치유가 시작된다는 확신이 들었다. 글쓰기를 되풀이해가는 과정 속에서 내적 힘이 길러져 트라우마에서 벗어나는 게 아닐까.

내 문학의 뿌리

 그 이름만 불러도 가슴이 따뜻해지고, 고향 언덕처럼 푸근해지는 『한국수필』이 창간 50주년을 맞는다는 소식에 가슴이 마구 뛰었다. 수필의 불모지였던 그 시절, 순수 수필잡지로 태동, 많은 이들에게 문학의 꿈을 키우는 거목으로 성장하여 수필의 새 지평을 열었으니 얼마나 경이로운가.

 나 또한 이곳에서 문학의 뿌리를 내릴 수 있었기에 이 글을 쓰는 마음은 감회가 깊고 각별하다. 20대부터 매해 가을을 맞을 때마다 '무언가 써야지, 써야지' 벼르기만 하다가 빈 가슴으로 겨울을 맞곤 했다. "대범물부득기평즉명大凡物不得其平則鳴, 무릇 만물은 평정을 잃으면 울게 된다"는 한유의 말처럼 힘든 삶의 질곡을 헤맬 때마다 글쓰기에 대한 갈망은 커서 삶의 편린들을 끼적이며 낙서를 하곤 했다.

 하지만 문학에의 꿈을 이루지 못하고 몇 십 년 동안 그 언저리에서 서성이며 가슴앓이만 했다. 그러던 중, 머릿속의 생각들을 글로 표현하여 두 편의 수필로 한국수필에 등단하게 되었다. 등단의 기쁨도 컸지만, 내 글이 활자화 된 『한국수필』을 받았을 때의 감동은 무척이나 컸다. 격월로 오는 『한국수필』에 실린 수필을 읽고 싶어 우편함을 기웃거리곤 했다.

 1999년 12월 11일, 고 조경희 선생님으로부터 등단패를 받던 날의 설렘과 기쁨은 두고두고 잊을 수가 없다. 문학은 미망과 세욕에 허우적대던 나에게 한 줄기 빛이었고, 지친 일상의 갈증을 채워주는 오아시스 같은 존재였다.

 '한국수필' 하면 조경희 선생님을 떠올리지 않을 수 없다. 50년 전, 수필전문지인 『한국수필』을 창간하고, 작고할 때까지 『한국수필』을 발행하며 발전시킨 분으로 평소 "수필에 대한 자부심과 긍지를 가지라"고 강조하며, 수필계에 큰 획을 그은 분이기 때문이다.

 오늘 이 글을 쓰고 있자니, 생전의 조경희 선생님의 모습이 선하게 떠오른다.

 20여 년 전, 문예창작연구회장을 맡고 있던 어느 해 여름, 해마다 개최하는 문학세미나에 선생님을 강사로 초빙했다. 팔순이 넘은 연세에도 200명의 회원들에게 '수필은 감동을 주어야'란 주제로 1시간 반 동안 열강을 했다.

"수필은 소설이나 시와 달리 완전히 자기 자신을 드러내는 글이다. 베토벤과 차이콥스키의 작품도 연주자의 해석에 따라 새로움을 느끼듯이 나무를 소재로 쓰더라도 이양하 선생의 「나무」처럼 작가의 개성이 뚜렷하고, 크게 감동을 주는 예술성이 있는 작품이어야 한다."고 강조했다.

그 분의 대표작인 수필 「얼굴」을 다시 읽으며, 내가 쓰는 글들이 얼마나 예술의 형상화를 이루고 있는지, 감동을 주는 글인지 성찰해 본다. 내게 문학의 뿌리를 내리게 해준 거목이 된 『한국수필』이 많은 이들에게 큰 그늘이 되기를, 새로운 수필의 지평을 열어가길 소망한다.

살아오면서 만난 아름다운 사람들, 일상을 떠나 자연 속에서 환호하던 순간들, 제자들 이야기, 학교 조경을 하면서 싹 튼 나무에 대한 사랑 등이 담긴 첫 작품집을 받아들었을 때의 기쁨이야말로 무엇에 견줄 수 있을까.

은퇴한 뒤, 임헌영 교수의 인문학 강의를 들으면서 영감을 얻어 글을 쓰기도 하고 한 편의 수필을 탄생시키기 위해서 오관을 열고, 내 기억의 보고에서 나만이 간직한 글감을 찾아내느라 밤잠을 설치기도 했다. 체험 위주의 글에서 탈피하여 깊이 사유하며 쓰는 일에 심혈을 기울였던 고뇌의 시간들은 행복한 시간이

기도 했다. 그 결실로 두 번째 수필집 『멘토를 찾아서』를 엮었고, 2009년 12월, 한국수필 문학상을 받았다.

  등단한 지 25년이 훌쩍 넘었다. 내 손길로 양질의 문학 토양에 뿌리를 단단히 내려서 아름다운 숲을 이룬다면 더할 나위 없이 기쁠 것이다.

울보, 그녀에게 날개를

커다란 눈에서 금세 눈물이 쏟아질 것 같던 그녀를 처음 만난 것은 매주 화요일 수필 강좌를 하는 강의실에서였다. H센터에서 그녀는 정신장애인 재활프로그램인 글쓰기 보조교사로 참여하게 되었다.

2011년 3월, 첫 강의 시간에 글제를 '잊지 못할 선생님'으로 했는데, 회원들과 함께 열심히 글을 쓰던 그녀는 수줍게 노트를 내밀었다.

「선생님과 자전거」란 제목의 글이었다. "지금 나는 자전거의 페달을 열심히 밟아 25년의 세월을 거슬러 올라간다. 나의 여고 1학년 시절, 우리들에게 겸손함과 애정을 가진 선생님을 만났다."

서두부터가 좋았다. 국어를 가르치던 그 선생님은 늘 시를 낭송하게 했고 빗나간 제자를 지켜주려다 끝내 학교 측과 갈등을 빚어 먼 시골로 전근 가셨다는 내용이었다. 결미가 감동이었다. "낡은 자전거 페달을 밟으며 얼굴 가득 웃음 지으시던 선생님이 그리운 건 왜일까? 제자를 위해 끝까지 자신의 모든 것을 걸었던 선생님에 대한 연민일까. 먼발치에서라도 선생님을 뵐 수만 있다면…."

범상치 않은 글솜씨에 진흙 속에서 진주를 발견한 듯 가슴이 설렜다. 앞으로 조금만 도와주면 좋은 글을 쓰리란 확신이 들었다. 어색한 문장과 구상에 대한 약간의 조언을 해준 다음 정리해 오라는 과제를 주었다.

그녀가 두 번째 쓴 글은 「엄마의 행운목」이었다. 어머니의 오빠에 대한 남다른 사랑과 정성을 행운목 꽃에 비유하여 쓴 글이었다. 오빠의 좌절을 말 못하고 혼자서 가슴앓이 하며 정성껏 행운목을 키우신 어머니, 그 모습을 지켜보며 글로 풀어낸 그녀의 글엔 남다른 감동이 있었다. 그녀는 그 글을 낭독하는 동안 울먹이더니 끝내 눈물을 쏟고야 말았다.

그 뒤로도 매시간 글을 써왔다. 회원들과 같은 제재로 글을 썼는데 한 시간 동안에 그처럼 완성도 높은 글을 쓰는 게 놀라웠다.

2011년 5월 17일, '신사임당 백일장' 공고가 났다. 나는 그녀가 백일장에 꼭 참여했으면 좋겠다는 뜻을 관장님에게 전했고 그녀는 회원들 인솔교사로 참여했다. 그날 오후 2시, 전화벨이 울렸다. 그녀의 들뜬 목소리였다. "좋은 소식이군요." 했더니 그녀는 "선생님 저 차상 됐어요. 모두 선생님 덕분이에요." 했다. 얼마나 기쁘던지. 내가 상 탄 것보다 더 기쁘다 했더니 그녀는 그 말을 마음속에 보물처럼 간직하겠다고 했다.

수상작은 「비 오는 날」이었다. 초등학교 시절, 엄마의 직장 생활로 우산 때문에 맘 고생했던 기억, 중학교 시절엔 비 오는 날을 즐겼다는 반전, 엄마가 된 지금, 직장 생활로 아이들에게 우산을 들고 가지 못하는 아픔을 감동 깊게 쓴 글이다.

그녀는 그 글을 회원들에게 낭독해주면서 또 울었다. 집에서 아이들에게 읽어주면서도 울었다고 했다. 기쁜 눈물이었으리라. 나는 그녀에게 울보라는 애칭을 붙여주었다. 그녀는 왜 그리도 눈물을 잘 흘릴까. 자기 연민이 강해서일까. 마음이 순수해서일까. 감성이 풍부한 까닭이기도 하리라. 감수성은 설렘에서, 설렘은 사람을 사랑하고, 일을 사랑하고, 자연을 사랑하는데서 온다고 했다.

언젠가 그녀는 내게 "글을 쓰는 시간은 제겐 기쁘고 벅찬 시간입니다. 그리고 그때의 일이 떠올라 눈물이 마음을 채우기도 하는 시간이구요. 늘 선생님이 주시는 힘으로 글을 신나게 쓰게 되네요."라고 고백했다.

그녀는 대학에서 글과는 거리가 먼 원예학과를 전공했고 어린이집 교사를 10년 쯤 했다고 했다. 늦은 나이에 대학원에서 사회복지학을 전공했다. 힘든 정신보건사회복지사를 선택한 이유를 물었다. 그녀는 둘째인 딸을 해산한 뒤 남편의 사업실패로 아이를 친정에 맡기고 직장 생활하는 동안 산후우울증을 앓았기에 정신장애인들을 돕고 싶은 게 이유라고 했다. 얼마나 아름다운 생각인가.

글을 써 본 일도, 글을 쓰는 사람이 되리란 생각도 해본 일이 없다는 그녀. 하지만 풍부한 감성과 타고난 재능으로 글을 즐겨 쓴다. 그녀는 신사임당 차상 수상을 계기로 『한국산문』 사이버공모에 당선되어 드디어 수필가로 등단하게 되었다.

"울보, 송숙 선생, 눈물은 그만이에요. 사랑이 깊은 복지사 선생, 멋진 글쟁이로 거듭나기 바래요."

무척이나 기뻐하는 그녀에게 내가 보낸 축하의 말이다.

희망을 심는 글쟁이

　루쉰은 「고향」에서 "희망이란 본래 있다고도 할 수 없고 없다고도 할 수 없다. 그것은 마치 땅 위의 길과 같은 것이다. 본래 땅 위에는 길이 없었다. 한 사람이 먼저 가고 걸어가는 사람이 많아지면 그것이 곧 길이 되는 것이다."고 했다. 사람들에게 희망이 없다면 어떻게 살아갈 수 있을까. 힘든 삶의 질곡 속에서도 실낱같은 희망의 끈을 붙잡고 일어서는 사람들이 얼마나 많은가. 내 주변에도 희망이라기엔 너무나 평범한 소망을 붙들고 어렵게 살아가는 이들이 있다.

　내가 자원봉사로 지도하고 있는 글쓰기 반 회원들은 정신질환을 앓다가 회복단계에 있는 사람들이다. 인형극, 영화감상, 취업부, 리더십 트레이닝, 한자, 영어회화, 글쓰기 등의 분야로 나뉘어 각기 활동에 참여하고 있는 회원들은 50명인데 그중 20여 명이 '글로 쓰는 나와 세상' 프로그램을 선택하여 우리 반에 들어온 것이다. 회원들의 학력은 중, 고등학교 졸업자나 중퇴자가 많고 간혹 대학 졸업자도 있다.

  1주일에 1회씩 90분간 프로그램을 운영하는데, 글쓰기에 대한 이론에 대해서 30분 정도 강의한 다음 그날의 제재를 정해서 글을 쓰게 한다. 어쩌다 글에 재능이 있는 회원을 만났을 때는 보석을 발견한 듯 기쁘기 그지없다. 회원들은 긴 글은 못 쓰지만 글을 쓰는 동안 자신의 상처나 고통을 말과 글로 표현하고, 스스로 치유되는 과정을 지켜보면서 나는 뿌듯함을 느낀다.

  어느 날인가 '희망'이라는 제재로 글을 쓰게 한 적이 있다. M회원은 "희망, 나에게는 낯선 단어. 그 이름 그 의미조차도 떠올린 지 오래 된 단어이다. 나는 어렸을 때 꿈이 많은 아이였다. 과학자도 되고 싶고, 대통령도 되고 싶고, 연예인도 되고 싶고, 운동선수도 되고 싶었다. 아, 그날들이 언제였는지 떠올리기도 괴롭다. 내 증상들이 서서히 심해 갈 무렵, 어렸을 적 꿈들도 하나 둘씩 멀어져 갔다."고 썼으며 K회원은 "내 희망은 평범하다. 평범하게 사는 것이 어쩌면 제일 힘든 것일 수도 있겠다. 그건 아마도 삶이란 누구에게든 굴곡이 있기 때문일지도 모른다는 생각이 든다. 평범한 삶이 지금 내게는 꿈이다. 나이를 먹고 결혼을 하고 아이들과 행복하게 사는 것이다. 다른 이들에게는 당연한 것이 내겐 희망이 되었다."고 썼다.

그 글을 읽으면서 가슴이 울컥했다. 보통 사람들이 걸어가는 그 길, 취업하고 결혼하여 아기 낳는 일, 그게 꿈이며 희망인 이들에게 정녕 내가 해줄 수 있는 일은 무엇일까. 그들에게도 분명 멋진 꿈들이 있었을 터인데… 이들 중 대부분은 정신질환으로 인해 결혼을 못했거나, 이혼 후 부모님에게 의존해 사는 이도 있고, 공동주택에서 사회복지사의 도움을 받으며 살아가기도 한다.

그들은 투병 생활을 하는 동안 독한 약으로 기억력은 감퇴되고 어휘도 많이 잊어버렸다고 한탄한다. 학창시절의 친구들은 연락이 끊기고 직장 생활을 시도했지만 번번이 외면당했다고 한다. 좌절과 절망을 못 견디어 삶을 포기하려 한 일도 있었다고 고백한다.

그래도 재활 프로그램을 마련해주는 이곳 H지역 정신건강센터에서 활동할 수 있는 게 얼마나 행복한 일인가 고마워하고 있다. 그들은 정신장애라는 사회적 편견과 불평등한 대우를 가장 힘들어한다. 나는 그들을 정상인과 똑같이 보고 글쓰기 지도에 임하기로 작정했다. 마음을 맑게 해주는 시를 선정해서 낭독해주고 수필쓰기의 기초를 잘 전달하기 위해서 강의 자료를 정성 들여 준비한다. 작품 하나하나를 읽어보고 합평을 하고 낭독해주면 무척이나 좋아한다. 어려운 질문에 대한 정답을 맞혔을 때는 상을 주어 사기를 돋우어 주기도 한다.

  칭찬은 고래도 춤추게 한다는 말이 있듯이 이들 또한 칭찬과 인정의 욕구가 무척이나 강하다. 자신의 작품을 읽어주고 첨삭지도 해주는 것을 기뻐한다. 얼마 전에는 한 분기를 마치면서 회원들의 작품을 모아 『한울의 느티나무』라는 제목으로 문집을 엮었다. 자신의 작품이 활자화 되어 책으로 나온 걸 보고 좋아하던 회원들의 모습은 봄 햇살처럼 환했다.

  회원들이 자신의 작품을 낭독하는 시간, 한 여자회원이 갑자기 문집을 책상 위에 내팽개치면서 "왜 내 작품은 한 개만 실은 거야."라며 큰소리를 치며 문을 쾅 닫고 나가버렸다. 순간적으로 일어난 일이라서 해명할 여지도 없었다. 그 회원의 작품은 공개하기 어려운 부분이 있어서 하나만 게재했는데 그것이 서운했나보다. 그 회원이 화가 가라앉은 다음 한 작품만 실린 회원도 많다고 보여주니 그제야 마음의 평정을 찾는 듯 했다.

  끊임없이 확인하며 인정받고 싶어 하는 그들, 좀 부족하더라도 문집에 게재하는 아량을 갖지 못했던 자신을 자책했다. 어느 회원은 열심히 글공부해서 자서전을 쓸 것이라는 꿈을 갖고 있고, 작가가 되어 자신처럼 정신질환으로 힘들어하는 이들에게 희망을 전하는 글쟁이가 될 것이라고, 정신질환자에 대한 편견을 갖지 말라는 글을 쓸 것이라는 소망을 갖고 있는 회원도 있다.

　희망은 희망을 갖는 사람에게만 존재한다. 이들을 지도하면서 글쟁이가 되기를 잘했다는 생각을 한다. 잘린 가지에 새순이 돋을 때까지 이들에게 희망을 심는 글쟁이가 될 것이다.

3부

숲 너머 저쪽

숲 너머 저쪽

 창 앞에 서면 길 건너에 밝은 햇살을 머금은 짙푸른 소나무들이 나를 부른다. 나는 오늘도 잡목이 우거진 작은 오솔길을 지나서 소나무 숲에 들어선다. 군데군데 소나무 군락을 이루고 있는 자그마한 언덕에 올라 솔숲에 서면 그지없이 편안하다. 널찍한 들판 사이사이 연못의 수면은 햇빛에 반짝이고, 고개를 들어보면 저 멀리 바다에는 한두 척의 배들이 평화롭게 떠 있고, 건너편 영종도의 아파트들이 한눈에 들어온다. 가슴이 확 트이는 것 같아 심호흡을 해본다. 한 줄기 솔바람이 불어오니 내 육신만이 아니라 영혼의 찌꺼기까지 씻어주는 듯 머리가 맑아진다.
 소나무 둥치에 등을 기대고 서니 마치 고향에 온 듯 마음은 고향의 뒷산을 내달린다. 고향집 뒷산에는 수령이 몇 백 년이나 됐음직한 잘생긴 아름드리 소나무들이 숲을 이루고 있었다. 나는 학교에서 돌아오면 소나무 숲에 들어가서 돗자리를 깔고 앉아 공부도 하고 책도 읽었다. 그 시절엔 나무나 솔잎, 솔방울을 땔감으로 썼기에 가끔은 솔방울을 주워 엄마에게 갖다드리면 무척 좋아하셨다. 동생과 서로 많이 줍겠다고 경쟁하던 유년 시절이 떠올라 나도 모르게 피식 웃음이 나온다. 솔숲은 나의 놀이터였고, 휴식처였다.

소나무는 나의 든든한 친구이기도 했다. 마음이 울적할 땐, 소나무를 올려다보며 "소나무야, 소나무야/ 언제나 푸른 네 빛/ 쓸쓸한 가을날이나/ 눈보라치는 날에도/ 소나무야, 소나무야/ 언제나 푸른 네 빛" 노래를 부르다 보면 금세 마음이 밝아지곤 했다. 온갖 풍상을 다 겪고도 의연하게 서 있는 소나무를 올려다보면 내 마음도 하늘 끝까지 오르는 듯 했다. 아버지는 솔숲을 좋아하는 나에게 "그리도 소나무가 좋은고? 소나무처럼 올곧은 사람이 되거라."고 하셨다. 나도 닮고 싶었다. 청청한 소나무를 닮아 한결같기를, 의지가 강한 사람이 되어 꿈을 이루리라고 되뇌곤 했다. 하지만 고향을 떠나면서 소나무와도 슬픈 이별을 했고, 바쁜 일상 속에서 까맣게 잊고 지냈다.

소나무와의 인연이 다시 시작된 것은 교장으로 재직하던 학교에서였다. 개교한 지 50년이 넘었기에 재건축을 하면서 황무지 같은 화단에 조경공사를 했다. 예산은 부족하고 나무에 대한 지식도 부족하던 그 시절, 수목원으로, 임업시험장으로 뛰어다니며 나무에 대한 연구와 정보를 수집했다. 학교수목으로 적합한 소나무, 향나무, 단풍나무를 직접 구매해 심기로 했다.

하지만 소나무는 다른 나무에 비해 고가高價라서 부족한 예산으로 어떻게 감당해 나갈지 난감했다. 나의 고심을 들은 L선생이 강원도 횡성에 있는 자신의 산에서 소나무를 열 그루 정도 캐와서 기증하겠다는 제안을 했다. 소나무 열 그루라니, 금방 부자가 된 듯싶었다. 소나무가 온다면 어디 어디에 어떻게 심으리라고 설계하면서 희망에 차 있었다. L선생은 행정실장과 함께 답사차 강원도로 떠났다.

다음 날 접한 소식은 얼마나 허탈했던지⋯ 소나무는 자기 소유의 산이라도 개간을 하거나 특별한 이유가 있어야 옮길 수 있으며, 군청의 기관장 허락 없이는 한 그루도 반출이 어렵다는 답이었다. 또한 산에 있는 소나무를 옮기려면 1, 2년 전에 뿌리를 잘라놓고 근처의 흙을 도려내어 함께 가져와야 생존할 수 있으며 옮겨와도 살아남을 확률이 낮다고 했다.

다행히 정직한 수목원을 만난 건 큰 행운이었다. 청계산 자락의 수목원에는 소나무를 비롯한 철쭉, 회양목 등 수천 그루가 있었다. 소나무에는 껍질이 붉고 가지 끝에 눈도 붉다는 적송, 바닷가에서 자라는 해송, 곰솔의 잎보다는 부드럽다는 여송, 강원도 영동지방과 경북지방에서 곧게 자라는 특성을 지닌 금강송, 반송 등 소나무의 종류도 많았다. 학교 교정에 적합한 적송 열 그루와 반송 두 그루를 구입해서 반송은 교장실 앞에, 적송은 중앙 현관과 교문 옆에 심었다. 소나무는 옮겨 심은 지 2년이 지나야 생존 여부를 알 수 있기에 구입한 수목원에서도 2년 후 나무가 잘못되면 보상해 준다는 보증서까지 써 주었다. 소나무를 조경하기가 이렇게 어려울 줄이야. 알고 보니 소나무는 아주 귀하신 분이었다.

아침에 출근하자마자 교장실 창문을 열고 반송을 어루만지면 까칠한 감촉이 밤사이 잘 잤노라고 답하는 듯했다. 어느 날인가는 소나무 한 그루가 잎이 시들해져서 수목원의 도움을 받아 링거를 꽂아주며 "부디 잘 자라다오." 하며 정성을 다했는데, 소생하는 걸 보고 얼마나 기뻤는지 모른다. 소나무들은 교정에 뿌리를 단단히 내렸는지 잘 자랐다.

퇴임한 뒤 학교에 몇 번 방문하여 나무들과 조우했는데, 어느덧 못 본 지 많은 시간이 지났다. 그동안 중, 고등, 대학교를 졸업하고 자신의 자리에서 열심히 살아가고 있을 제자들과, 튼튼하게 자랐을 나무들이 문득 만나보고 싶어진다.

1년 전, 인천의 청라 아파트로 이사와 솔숲을 발견한 순간, 고향의 소나무를 만난 듯 얼마나 반갑고 설렜던지, 눈만 뜨면 소나무에 이끌려 나도 모르게 발걸음이 그곳으로 향한다. 고향을 찾아가 본 지도 십 수 년이 지났다. 솔숲을 걷다보면 고향 언덕에 오른 듯 "내 놀던 옛 동산에 오늘 와 다시 서니…"「옛 동산에 올라」가곡이 절로 나온다. 첫 구절을 부르기도 전에 코끝이 찡하고 목이 메어 더 이상 노래를 부르지 못한다.

내 꿈을 키워주던 그리운 솔숲, 유년시절 고향의 솔숲은 어머니처럼 나를 품어준 놀이터였고 휴식처였다면, 이제 나이 들어 만난 솔숲은 나를 돌아보는 사색의 시간을 갖게 하고, 참나(眞我)를 만나 성찰하며 사유하는 보물 같은 공간이다. 더욱이 지난해 1월부터 시작된 코로나 바이러스 19로 인해 거의 1년 동안 강의도, 소소한 모임도 모두 중단됐는데 솔숲에서 소나무와 대화하며 기도하면서 걷는 나의 일상은 얼마나 큰 축복이고 행운인가.

듬직한 소나무에 기대서니 지극히 평온하다. 돌아보면 참 쉼 없이 일하며 달려왔다. 어떤 목표를 정하면 그 꿈을 달성할 때까지 열정을 쏟고 또 쏟았다. 그때는 그것이 최선이라고 생각하면서. 숲 너머 저쪽에서 그 분의 음성이 들려오는 듯하다.

"내면의 소리에 깊이 귀 기울여 보라고, 자신에게 솔직하라고,

침묵의 언어를 배우라고."

  내 마음이 들려주는 소리에 귀 기울이며 인생의 가을걷이를 어떻게 해야 할지 깊이 사유해봐야겠다.

  바람이 분다. 솔잎이 파르르 떨면서 솔바람 소리가 난다. 소나무 아래 수북하게 쌓인 누런 솔잎들을 밟으니 융단을 밟는 것처럼 푹신푹신한 감촉이 더할 나위 없이 좋다. 나는 오늘도 솔바람, 솔향, 솔빛에 취해서 걷고 또 걷는다.

사람은 무엇으로 사는가

 도로를 깨고 나오는 듯 "위에엥!" 다급한 응급차 소리에 잠이 깼다. 모든 것이 아직 깨어나지 않은 새벽 5시, 도로를 가득 채운 꺼져가는 생명을 구하러 가는 다급한 사이렌 소리에 자리를 털고 일어난다. 새날을 열어주신 하느님께 감사드리며 누군지는 모르지만 응급차에 실려 가는 환자의 쾌유를 빌고, 주변에 어려움이 있는 이들을 하나하나 떠올리며 그들이 어려움을 잘 극복하길 기도하며 하루를 시작한다.

 나 또한 도무지 출구가 보이지 않는 컴컴한 터널 속에서 숨이 막힐 정도로 힘든 시기가 있었다. 하지만 내 앞에 닥친 문제와 고통을 직면하면서 극복할 수 있는 힘을 갖게 해달라고 기도하다 보니 보이지 않는 따뜻한 손길들에 이끌려 긴 터널에서 빠져나올 수 있었다.

요즘 부모가 자녀를 살해하고 스스로 목숨을 끊는 끔찍한 사건이 연거푸 발생하고 있어서 참으로 안타깝다. 얼마 전에는 울산에서 부인과 이혼하고 어머니와 두 아들과 함께 살던 아버지가 두 아들을 살해한 후, 자신도 자해를 했으나 실패하고 조사를 받고 있다는 뉴스를 접했다.

지난해에도 완도항에서 열 살 딸아이를 포함한 세 가족이 수면제를 복용한 상태에서 승용차로 바다에 돌진해 전원 사망하는 충격적인 사건이 있었다. 극단적인 선택을 한 이유에 대해서는 주식 실패로 1억 원 이상의 빚을 진 데다 부부가 직장을 잃은 상태여서 절망감을 견디지 못해서였을 것이라고 추측했다. 초등학교 5학년이었던 딸아이의 해맑은 얼굴이 자꾸 어른거린다. 차디찬 바닷물 속에서 영문도 모른 채 죽음을 맞았을 어린것이 너무 가슴 아프다.

한국 형사정책연구원이 2000년부터 2019년까지 언론에 보도된 자녀살해 후 부모의 자살 사건은 무려 247건이었으며, 2020년 12건, 2021년 14건으로 계속해서 증가하고 있다.

이런 소식을 들을 때마다 안타까움을 넘어서서 분노를 느낀다. 부모에게서 태어난 자녀지만 소유물이 아닐진대, 소중하고 존엄한 어린 생명을 부모라는 이름으로 함부로 해칠 수 있는지 참으로 어처구니없다.

'유엔아동권리 협약' 6조는 "모든 아동은 생명에 관한 고유한 권리를 가지고 있다."고 규정하고 있다. 자녀 살해 후 극단적인 선택을 하는 부모의 심리 배경에는 무엇이 있을까? 살해의 비윤리성보다는 가족은 운명 공동체이므로 부모가 끝까지 책임져야 한다는 의식, 극단적 가족주의 심리로 인해 부모가 없는 세상에서 자식이 살아갈 미래를 걱정하며 저지르는 어리석은 행태가 아닐까?

문득 톨스토이의 단편소설 「사람은 무엇으로 사는가」를 소환해 본다.

천사 미하일은 하느님의 말씀을 어긴 벌로 지상에 내려와서 세 가지 임무를 완수하면 다시 하늘로 올라가게 된다. 첫 번째로 막 쌍둥이를 출산한 아픈 엄마의 영혼을 데려가려 했는데, 아이의 엄마는 남편도 사고로 죽었으니 아이들이 성장할 때까지만 살게 해달라고 간청했지만 끝내 갓난아기들을 남기고 하늘나라로 데리고 간다. 어느 날, 미하일은 어느 부인이 그 쌍둥이 아이들을 사랑으로 보살피고 있는 모습을 마주하면서 세 번째 미션인 '사람은 무엇으로 사는가'의 답을 얻게 된다. 고아가 된 갓난아기들이 어찌 살아갈까 걱정했지만, 사람은 부모 없이는 살아도 하느님의 사랑 없이는 살 수 없다는 진리를 깨닫고 다시 하늘로 올라간다는 내용이었다.

절박한 상황 속에서 부모가 도저히 살 수 없다고 해도 남겨진 자녀가 생존 불가능의 상태에 빠지지는 않을 것이다. 자신이 죽은 다음 자녀가 불행할 것이라고, 끝까지 책임진다는 생각으로 자녀를 살해하는 것은 만용이며 커다란 착각이다. 누군가의 사랑으로 자신의 삶을 꾸려가게 될지도 모르는 자녀의 운명을 부모가 지레 막아버리는 것은 참혹한 일이다.

자녀를 해치는 일은 자녀의 생명을 빼앗고 자녀가 만날 미래를 빼앗는 일이다. 절망 앞에 놓인 본인의 입장이 아니라 그려나갈 새 도화지를 가진 자녀의 입장에서 생각한다면 그것만으로도 부모들 또한 살아야할 이유가 되지 않을까? 정말 자녀를 사랑한다면 어떤 곤경 속에서도 함께 살아갈 용기부터 가져야 한다. 나빠진 상황을 묵묵히 견뎌야 하는 용기만이 아니라 주변에 손을 내밀어 적극적으로 도움을 청하고 문을 두드리는 용기까지 가지라고 말하고 싶다. 사랑하는 가족을 위해서라면 없는 용기도 내보라고 말하고 싶다.

"사람은 과연 무엇으로 사는가?" 질문을 던져 본다.

우리가 살아가는 데는 의, 식, 주가 최소한 필요하지만 음식을 먹는 것 하나만 따져 봐도 농부의 피땀과 어부의 노고와 음식을 만드는 이의 정성과 사랑이 깃들어있는 것이다. 우리의 삶에서 무엇보다도 중요한 것은 사랑이 아닐까. 사람의 마음속에 사랑을 품고, 그 사랑으로 살아가면 세상은 좀 더 따뜻하고 밝아질 것이므로.

닮고 싶은 이름, 운월

내게는 몇 개의 이름이 있다. 아버지가 지어준 이름 박상주朴尚珠, 천주교인이 되어 영세 받으면서 받은 이름 데레사, 젊은 시절 남편이 선물해 준 설안雪岸 그리고 고 허세욱 선생님이 지어준 호 운월芸月이다.

모두가 소중하고 귀한 이름들이다. 작품집을 낼 때는 내 이름 앞에 호인 설안이나 운월을 표기하곤 한다. 운월은 중국문학 기행을 다녀온 뒤, 문우 몇몇이 허 교수님께 호를 하나씩 지어달라고 부탁드려서 얻은 이름이다.

허 교수님은 운월이란 호를 손수 써 주시면서 "작은 난초의 향이 달빛 아래서 널리 퍼진다"는 뜻을 함유하고 있으며, 청심복清沈腹이 쓴 『부생육기浮生六氣』란 수필집의 여주인공 이름이 운월이라 하셨다. 늘 말없이 뒤에서 도와주는 나의 모습이 아름다워 보여서 이 호를 준다 하셨다. 부를 때 발음도 부드럽고 소중해서 글을 쓸 때와 문우들과 글을 나눌 때 공유하곤 한다.

『부생육기』는 청淸대 사람 심복이 아내 운芸을 먼저 떠나보내고 난 뒤 슬프고도 아름다운 부부의 얘기를 써서 남긴 글이다. 심복의 아내 운은 현모양처로, 총명했고 타고난 풍류인이었다. 그림과 글을 좋아하는 가난한 남편을 지성으로 받들며 살다가 떠난 자상하고 사랑스러운 여인이었으며, 그녀 또한 문학과 그림에도 재능이 많았다.

말단 관리였던 남편의 수입으로는 고급 차를 구해서 달여 낼 수 없었던 운월은 연꽃 향을 찻잎에 스며들게 하여 이 세상 최고의 향차를 만들어 차를 좋아하는 남편의 흥을 돋우며 풍류의 극치를 이루게 한 사랑스럽고 멋스러운 주인공이다.

중국의 문호 임어당林語堂은 운월을 중국문학에 있어서 가장 사랑스런 여인이라며 뛰어난 재인으로 꼽았다. 이토록 현명하고 아름다움을 지닌 여인 운월이란 이름을 주시다니 내겐 너무 과분하고 감사했다.

허 교수님은 고려대 퇴직 후 현대백화점 문화센터에서 한시강좌를 하고 계셨다. 2003년 봄 학기부터 허 교수의 중국문학 강좌를 들었는데, 『중국역대 시선』, 『중국역대 산문선』등 분기마다 교재를 선정하여 보기 드물게 알찬 강의였다.

허 교수님은 이백이며 소동파, 한 유 등의 시와 산문을 강의하면서 스스로 감동하여 눈시울을 붉히곤 하셨다. 처음엔 조금 어려웠지만 회를 거듭할수록 한시의 매력에 빠졌다. 그 강의를 들으면서 영감을 받아서 「천리마는 많으나 백락은 드물다」 등 몇 편의 수필이 탄생하는 기쁨도 얻었다.

허 교수님은 대만 국립사범대 대학원 중문과에서 문학석사와 문학박사 학위를 받고 그곳에서 시인과 수필가로 등단한 후 많은 수필집과 시집을 발간한 분으로 중국문학뿐 아니라 수필창작에도 조예가 깊은 분이었다. 허 교수님은 "수필은 구성이나 문장에 있어서 행운유수行雲流水, 구름이 흘러가듯, 물 흐르듯이 자연스럽게 쓰되, 주제가 있는 글, 단순한 사실의 기록이 아닌, 반드시 문학성이 있어야 한다."고 일러주시곤 했다. 또한 타인의 글을 도용하는 것은 문인으로서 금기사항이라고 강조하시기도 했다.

허 교수님은 강의가 끝난 다음 회원들과 함께 차를 마시면서 담소하시길 좋아하셨고, 종강 때는 맥주로 한 턱을 내시기도 했다.

2005년 5월, 허 교수님 인솔로 문우들 25명이 2주간 일정으로 중국문학 기행에 올랐다. 이태백 생가, 두보 초당으로부터 구채구, 황룡굴, 중경의 금도협 등 가는 곳마다 감탄이 절로 나왔다. 해마다 중국에 몇 차례씩 강의를 하러 가시거나 여행을 자주 하신 교수님은 그곳의 풍토와 문화를 구수하게 설명해 주셨다. 다녀온 뒤 회원들의 기행수필을 담은 『칠천년의 바람을 만나러』란 동인수필집을 발간하기도 했다.

구채구의 원시 그대로의 자연풍광, 코발트빛 호수들이 나무를 안고 있는 자연에 매료되었던 나는 「오화해에 잠겨서」란 기행수필을 썼다. 교수님과 함께 한 중국문학 기행은 오래도록 남을 소중한 추억이 되었다.

잠시 한시 공부를 쉬었다가 다시 허 교수님의 강의를 들으려던 시기에 교수님의 투병 소식을 들었다. 병원으로 뵈러 갔을 때는 이미 혼수상태였고 회복이 어려울 것이라 했다. 병중에 천주교 신자가 되어 베드로라는 세례명으로 대세를 받은 후 먼 길을 떠나셨다. 허 교수님이 소천하신 지 올해로 벌써 15년이 되었다. 건강하셔서 후학들에게 중국문학의 진수를 더 오래 전하셨으면 하는 아쉬움이 크다. 나 또한 한시공부를 게을리 한 게 후회가 많이 된다.

교수님이 지어준 호 운월을 조용히 뇌어본다. 참 아름답고 깊은 뜻이 담긴 이름이다. 『부생육기』의 주인공 운월은 그토록 풍류에 능하고 현모양처였다는데, 가히 미치질 못하니 어쩌랴. 이제부터라도 그 이름에 걸맞게 살고 싶다.

비상하는 새처럼

 나는 가끔 꿈을 꾼다. 푸른 하늘에 포물선을 그리며 잔디밭에 낙하하는 하얀 공을. 비상하는 새처럼 자유로움을 꿈꾸던 시절부터 골프라는 운동을 갈망하고 있었나 보다.

 앞만 보며 달려왔던 40여 년의 교직 생활을 은퇴한 뒤 건강을 위해서 좋아하는 운동 하나쯤은 익히고 싶었다. 마침 L교장님의 학교에 골프스쿨이 개설돼 거의 8개월간 연습에 매진했다.

 기대와 설렘을 가득 안고 처음 필드에 나간 날, 동행한 팀원은 사위와 L교장님과 그의 동료였다. 구력이 5, 6년 이상인 세 분은 원하는 방향으로 공이 팡팡 날아갔지만 나는 연습했던 것처럼 잘 안되었다. 드라이버는 그런대로 되었지만 세컨드 샷은 뒤땅을 치면서 떽떼그르 굴러갔고, 그린에서 퍼터로 굴린 공은 홀에 훨씬 못 미치거나 홀을 지나쳐가곤 했다. 실망스럽기 그지없었다.

골프는 자신과의 싸움이며, 마인드 컨트롤이 중요한 운동이라는 것을 명심하면서 틈만 나면 연습장에 가서 연습하고 또 연습했다. 레슨 코치는 "어깨에 힘을 빼고, 팔로 치지 말고, 몸의 회전 운동에 의해서 공이 날아가게 하라."고 주의를 주었다. 그러나, 잘하고 싶은 의욕이 앞서서 공이 어디까지 갔는지 확인하느라 나도 모르게 머리를 들어 공이 빗나가곤 했다.

그럼에도 필드에 나가는 일은 마냥 즐거웠다. 마음에 맞는 이들과 담소하며 잔디밭을 걷는 것도 좋았고 내가 친 공이 포물선을 그리며 멀리 떨어질 때의 쾌감, 그린 위에서 퍼터로 굴린 공이 땡그랑 소리를 내며 홀 속으로 빨려 들어갈 때의 성취감 또한 컸다.

골프 사랑에 흠뻑 빠진 나는 기회만 되면 필드에 나갔다. 필드에 나가기 전날엔 코스를 상상해 보고 입고 갈 옷이며, 모자 등을 챙기면서 마냥 설렜다. 나무며 호수며 자연 경관이 아름다운 지극히 평화로운 골프장에 가면 가끔 생각에 잠기곤 했다.

'나는 왜 골프의 매력에 빠졌을까'

골프에 입문하게 된 근원적인 이유를 찾아보면 결혼생활 내내 남편으로부터 통제받고 속박 받았던 시간들을 보상받고 싶은 염원이 컸던 게 아닐까 싶다. 부지불식간에 억눌렸던 마음을 골프라는 운동을 통해서 분출하고 싶었는지도 모른다. 티 박스에서 드라이버로 공을 쳤을 때 창공을 가르며 날아가는 공을 바라보노라면 마치 내가 날아가는 것처럼 자유로움을 느끼곤 했으니까.

골프를 하다 보면 골프는 인생사와 참 많이 닮았다는 생각을 한다. 골프 코스와 인생은 예측 불가능한 요소들로 가득 차 있다. 날씨, 코스의 상태, 심리적 상태 등 다양한 변수들이 게임에 영향을 미치듯, 인생에서도 성공적인 일로 기뻐하는 순간에 예측하지 못한 일로 고통을 겪기도 하기 때문이다. 세계적인 골프선수들도 우승하다가도 컷 탈락을 반복하는 상황을 봐도 그렇다.

골프의 전설 아놀드 파마는 "골프는 기술뿐 아니라 멘털 관리가 승패를 좌우한다"고 했다. 나 또한 그랬다. 골프장에 허둥지둥 도착해 불안정한 상태에서 라운드를 시작한 날엔 유난히 미스 샷을 많이 했다. 잘하고 싶다는 욕구로 가득 찬 날에는 힘이 잔뜩 들어가서 더 안 됐다. 결과에 대한 마음을 비우고 한 샷, 한 샷 기본 스윙에 집중한 날에는 만족할 만큼 잘 되었다.

골프는 3~4인이 한 팀이 되어 18홀 경기를 하기 때문에 다섯 시간 정도 소요된다. 골프를 시작한 초창기엔 레슨을 함께 받던 동호인이나 지인들과 동행했지만 2009년 이후에는 문학회에서 활동을 함께 하던 H국장과 M국장이 한 팀이 되어 나가곤 했다. 필드에 나가지 못하는 날엔 스크린 골프장에서 운동을 했는데, 만나면 문학과 골프라는 공통 명제가 있었기에 늘 즐거웠다. 문학회 활동하면서 겪은 여러 추억들, 골프 초창기에 한 실수 등을 떠올리곤 했다. 최근 발간된 작품집에 대한 품평회도 갖고 서로의 작품에 대한 감상을 나누기도 한다.

몇 년 동안 남편의 간병으로 모든 활동을 중단하고 있을 때 그들은 우리 집 가까이에 있는 스크린 골프장에 와서 운동을 함께 했다. 지치고 힘들었던 시기에 함께 공을 치노라면 스트레스도 풀리고 큰 힘을 얻곤 했다.

골프 하면 빼놓을 수 없는 게 사위의 공功이다. 골프 마니아이면서 고수인 사위는 내가 필드에 나가기 전에는 젊은이들과 함께 나가려면 보조를 맞춰야 한다면서 원 포인트 레슨을 해주곤 했다. "그립은 새를 잡듯이 살며시 잡고, 몸통 회전을 하라고, 헤드업 하지 말라"고 주의를 주고, 함께 골프장에 나가서 실전을 하기도 했다.

골프가 마냥 즐거운 것만은 아니다. 골프 명언을 보면 "골퍼들이 왜 바위를 산꼭대기에 밀어 올리는 시시포스의 노역을 되풀이하는지 감이 잡힌다."고 했듯이 나 또한 그랬다. 호수로 둘러싸인 아일랜드 홀에서 그린에 공을 올리기 위해서 온 마음을 집중하면서 샷을 했지만 물속으로 풍당 빠지던 공을 떠올리며 밤잠을 못 이룬 날도 있었다. 하지만 다음번 필드에 나갈 땐 한껏 기대에 부풀어 티잉 그라운드에 서곤 했다.

이제 골프를 시작한 지 20여 년이 지났다. 구력球曆이 쌓일수록 골프 실력도 는다지만 갈수록 비거리도 줄고 실수도 많이 나온다. 하지만 건강이 허락하는 한 좋아하는 이 운동은 계속하고 싶다. 늦은 나이까지 이 운동을 할 수 있는 것은 좌청룡, 우백호라 일컫는 H국장과 M국장이 늘 함께여서이다. 참 아름다운 동행이다. 이 가을이 가기 전에 골프장에 가서 파란 하늘을 향해 비상하는 새처럼 멋진 샷을 날려 보리라.

산이 좋아서

"산에는 산에는 꽃들이 피고/ 산에는 산에는 새들이 운다/ 꽃 피고 새 우는 산/ 좋고 좋아서/ 우리들은 날마다 산에 가지요." 동요를 부르며 산밭을 헤매던 유년 시절의 그리움을 채워 준 산행, 삶에 활기를 불어 넣어준 산행에 합류하게 된 일은 커다란 축복이었다.

코로나19 팬데믹 상황 속에서 먼 길 떠난 남편의 부재로 슬픔을 삭이던 3년여의 칩거. 그러던 중 2022년 5월 4일부터 매주 수요일 산행에 참여하면서 새로운 삶의 전환점을 맞았다. 루시아 친구와 함께 참여한 첫 산행지는 아차산 둘레길이었는데 싱그러운 숲길을 걷다 보니 마음이 날아갈 듯 했다. 1시간쯤 걷다가 나무 그늘에 앉아서 각자 준비해 온 간식과 함께 마시는 따끈한 커피는 일품이었고, 마냥 즐거웠다.

평생 잊지 못할 산행 기억이 하나 있다.

50대 중반 쯤, 대학원 졸업을 앞두고 한라산 정상에서 사진을 찍어 졸업앨범에 올리자는 과대표의 제안에 따라 제주도로 향했다. 8월 중순, 지도교수님과 다섯 명의 대학원생들은 한라산 등정에 나섰다. 새벽 6시, 성판악에서부터 한라산을 향해 걷기 시작했다. 드디어 5시간 만에 한라산 정상에 올랐다. 땀은 비 오듯 쏟아지고 다리는 천근만근이었지만 정상에서 백록담의 물을 내려다보는 순간 탄성이 절로 나왔다. 대학원 졸업과 함께 한라산 정상에 올랐다는 뿌듯함에 가슴이 메어왔다.

우리는 해발 1,950미터 한라산 정상 표지판 앞에서 기념사진을 찍고 하산하기 시작했다. 올라갈 때는 정상에 오르리라는 목표를 갖고 있었기에 희망의 끈을 붙잡고 열심히 올라갔지만 하산 길은 더 힘들고 팍팍했다. 산을 오르고 내리는 일은 어쩌면 우리네 삶의 모습과도 닮지 않았나 싶었다. 6시간 만에 성판악에 도착했다. 장장 11시간의 산행이었다. 서울에 올라온 뒤, 무리한 등산 탓으로 일주일이나 병원 신세를 졌다. 우리나라에서 가장 높다는 한라산을 오르기 위해서는 미리 체력 단련을 했으면 수월했을 것을. 나의 무모한 도전에 커다란 깨달음을 얻는 시간이었다.

매주 산행을 이끄는 우지愚之회장은 5, 6월 2개월 동안의 산행 계획서를 나누어 주었다. 목적지, 지하철 노선 출구, 둘레길의 난이도를 상, 중, 하로 나눈 상세한 안내서를 받고 보니 산행의 일원이 되었음을 실감하며 매주 수요일을 기쁜 마음으로 기다린다.

남산 둘레길, 관악산, 북한산, 인왕산, 안산, 대모산 등 회를 거듭하면서 서울에 이토록 아름다운 산이 많은지 감탄한다. 산은 우리에게 나무, 바람, 새소리, 청정한 공기 등 어머니처럼 많은 것을 내어주고 친구들도 하나 같이 아낌없이 주는 나무의 마음을 지닌 것을 보고 놀랐다.

20년을 한결같이 산행을 위해 사전답사며 세심하게 운영해 온 우지회장, 매번 무거운 보온병에 따끈한 물과 커피를 준비해오는 문원文苑님, 전국의 산을 섭렵하며 따끈한 떡과 도토리묵까지 가져오는 여산如山님, 산행 중 찍은 사진과 동영상을 제작해 동기카페에 올리는 노오老梧님, 늘 깔판을 챙겨오는 율촌栗村님, 그리고 친구들 모두에게 등산용 커피 컵과 양말을 나눠 준 루시아 친구 등, 산을 닮은 어머니 마음과 끈끈한 우정에 또 한 번 놀랐다. 그뿐인가, 학창시절 3년 동안 문예반에서 함께 활동했던 문원님은 내가 미처 읽지 않은 책, 한강의 『흰』, 『채식주의자』, 신문 스크랩을 한 이어령 선생의 '부치지 못한 편지', 『안도현의 발견』등 한 주에 한 권씩 가져와서 읽기를 권한다. 책을 읽으며 글쓰기에 더욱 정진해야겠다는 다짐을 한다.

우지 회장의 발의로 2002년 봄부터 시작하여 지난해 말 1000회를 맞은 팔팔 등산회. 산행을 꾸준히 한 비결은 "산이 좋아서, 뜻이 맞는 친구들과의 만남이 좋아서"였다고 한다. 일찍이 공자는 "인자仁者는 산을 좋아한다."고 했는데, 친구들은 오랜 산행으로 산을 많이 닮아가는 듯하다. 팔순을 훌쩍 넘긴 친구들이지만 산처럼 활기차고 강건함을 지니고 있다.

오르막 산길에서 뒤쳐져 가면 뒤돌아보며 보조를 맞추는 벗님들, 조금 힘든 코스에서는 앞에서 잡아주고, 뒤에서 밀어주며 동행하는 모습은 한없이 훈훈하다. 서로를 격려하고 배려하는 선한 모습들이 영락없이 산을 닮았다. 산을 오를 때마다 한라산의 등정 교훈을 되새기곤 한다. 힘들 땐 쉬어가며 무리한 산행은 금물이라고.

이 산행에 참여한 지 2년 반, 벗님들처럼 산의 마음을 닮으려면 산행을 얼마나 더 해야 할까. 나무와 풀, 새와 바람, 또한 사람까지 한껏 품어주는 넉넉한 산, 아직도 많은 것을 움켜쥐고 있는 나에게 그만 내려놓고 나를 닮아보라고 일러주는 산. 홀로 걷는 것도 좋지만 친구들과 더불어 걷는 산길은 더욱 좋다.

아주 특별한 선물

얼마 전 아주 특별한 선물을 받았다. '평생 미사 접수 확인서'란 등기 우편이었다. 천주교 사도직 회에서 보내왔는데, 내가 이 세상에 존재해 있는 동안과 사후까지 나를 위해 전 세계에서 매일 3대의 미사를 올려준다는 증서였다. 이 선물은 오랜 내 친구 S가 보낸 것이었다.

내가 숨 쉬고 있는 순간은 물론 사후에까지 매일 나를 위해 기도해 준다니 이보다 더 큰 선물이 어디 있으랴. 한동안 큰 감동으로 가슴이 먹먹했다. 나는 친구에게 무엇을 해주었을까. 평생 받기만 하며 살아온 것 같다.

집안 곳곳에는 친구가 보내준 선물들이 눈에 띤다. 한글서예에 뛰어난 재능을 지닌 친구는 「오우가」를 써서 병풍을 만들어 주었고, 액자와 부채에 좋은 시나 성경말씀을 써서 주기도 했다. 그뿐이 아니다. 교단에서 퇴직 후에 문학 활동으로 바쁜 나에게 늘 힘을 불어넣어 주는 격려의 말을 해준다. "넌, 역시 훌륭해. 내 몫까지 열심히 활동해다오."라고. 실은 나보다 더 많은 봉사와 활동을 하는데도 겸손하기 그지없는 친구이다.

친구 S는 사범학교 다니는 3년 동안, 등하교 길을 함께 오가며 우정을 쌓은 친구이다. 우리는 하교할 때면 읽은 책이야기를 나누고, 시를 외우기도 하고 종교를 논하기도 했다. 물리와 수학을 잘했던 친구는 내 덕에 좋은 시를 많이 외울 수 있었다고 고마워한다.

몇 년 동안의 교직 생활을 접고 상경한 친구는 수녀가 되기 위해 수녀원을 찾았다. 하지만 몸이 약했던 친구는 수련과정에서 건강이 악화되어 집으로 돌아왔고, 갈멜 수도원의 수녀가 되기 위한 준비를 한다고 했다. 폐쇄수도원인 그 곳에선 자급자족을 하며 수도생활을 하기 때문에 스페인어와 양재, 요리 공부에 매진하기도 했다.

하지만 친구에겐 수도원보다는 다른 성소가 마련되어 있었나 보다. 자녀 둘이 선천적으로 장애를 갖고 태어나 고생하는 동생에게 힘이 되고자 그 꿈을 접을 수밖에 없었다.

유독 모성애가 강한 동생은 후원자들의 도움을 받아 경기도 안성에 장애시설을 설립하여 두 자녀와 다른 장애인들을 돌보며 살고 있다. 친구는 동생에게 언니이면서 경제적으로나 정신적으로 큰 언덕이 되어주고 있다. 어느 날 친구는 내게 이런 하소연을 했다. "나는 아파서도, 쉬이 죽어서도 안 된단다. 남편까지 저 세상으로 간 동생을 잘 지켜줘야 하니까"라고 했다. 평생 동정녀로 산 친구는 부모님을 지극정성으로 모신 효녀이기도 하다.

가족 뿐 아니라 이웃에 대한 사랑도 각별하다.

친구는 매일 미사에 참여하고, 최소한의 절제생활을 영위하며 생활비의 반 이상을 어려운 이웃을 도와주며 수도자처럼 산다. 젊은 시절엔 학생들과 주부들에게 한글 서예와 수묵화 등을 지도했지만 이제는 부채에 성경말씀을 써서 성당바자회에 기부하기도 하고 신부님과 수녀님에게 선물하곤 한다. 이웃 노인들에게 말벗이 되어주기도 하고 명절이면 떡이나 과일을 선물한다.

투병 중인 내 남편을 비롯한 70명의 환자들을 기억하며 매일 기도한다는 친구, 어려운 일이 있을 때마다 전화하면 "넌 잘 이겨낼 거야."하며 용기를 주는 친구를 떠올리면 생각나는 시구가 있다. "사람이 하늘처럼 맑아 보일 때가 있다. 그때 나는 그 사람에게서 하늘 냄새를 맡는다."

봉생마중 불부직蓬生痲中 不扶直이란 말도 있다. 굽어지기 쉬운

쑥대도 곧게 자라는 삼밭 속에서 자라면 저절로 곧아진다는 뜻이다. 좋은 벗과 사귀면 그 사람을 닮아간다는 뜻이리라.

친구와 통화만 해도 마음의 평정을 찾는다. 친구의 영을 닮아 나도 하늘처럼 맑아질 수 있을까. 이웃에게 아낌없이 나누는 삶을 살 수 있을까를 생각해보는 저녁이다.

자주 만나지는 못하지만 늘 마음 깊숙이 자리하고 있는 선한 내 친구 S, 내 침상을 지키고 있는 기도 증서와 데레사 성녀 오백주년을 맞아 보내준 부채의 기도문을 음미해 본다.

"인내 그 무엇에도 너 마음 설레지 말라. 너 무서워하지 말라. 모든 것은 다 지나가고 님만이 가시지 않나니 인내함이 모두를 얻느니라."

내 본명이 데레사이기에 보내준 시이다. 어떤 어려움도 두려워하지 말고 잘 견디며 살아가라는 내게 보내주는 메시지인 듯싶다. 오늘도 아주 특별한 선물을 가슴에 보듬으며 친구를 위해 간절히 기도한다. '하루하루 건강하고 빛나는 날이기를'

아름다운 인연

신록이 짙푸른 6월, 그녀를 만나러 가는 마음이 사뭇 설렌다. '그녀는 분명 사랑이 많고 정의감도 강할 거야.' 이런저런 생각을 하는 사이에 신록처럼 상큼한 모습의 그녀가 들어섰다. 어릴 적 고향 친구를 만난 듯 무척이나 반가웠다. 조용한 한식당에 마주앉은 우리는 오랜 지기처럼 많은 이야기를 나누었다.

그녀 장경환은 『월간문학』을 통해서 등단을 했고, 성당에서 봉사활동을 하느라 글을 많이 쓰지 못한다고 했다. 『한국수필』 10월호에 수필 「두 노인」을 게재했는데 그 작품이 인상적이어서 『한국산문』 11월호에 월평을 게재한 인연으로 가까워진 문우이다. 월평을 싣기 전에 작가의 약력, 사진, 주소 등을 확인하기 위해 연락을 먼저 하는데 그 반응이 남달랐다. 그녀는, "오늘 아침, 은혜로운 인연에 하느님께 감사드린다. 희망과 기쁨의 수호천사로 와 주신 선생님과 인연의 시작을 소중히 간직하고 싶다."

는 감사의 메일을 보내왔다. 큰 상을 드린 것도 아닌데, 나 또한 기뻤다. 종교도 같아 서로 메일을 주고받다가 드디어 만나게 된 것이다.

「두 노인」은 전철에서 만난 인정머리 없는 노인 이야기인 「나 노인이야」와 85세인 할머니가 초등학교 앞에서 어린이들을 위해 봉사하는 내용의 「호루라기 부는 할머니」를 극명하게 대비시킨 작품이다.

「나 노인이야」는 필자가 어느 날 아침 전철을 탔는데 경로석에 밤샘근무를 한 듯한 작업복 차림의 세 젊은이가 깊은 잠에 빠져 있는 모습을 보게 된다. 그 젊은이들을 안쓰럽게 바라보고 있는 순간 50대 후반쯤으로 보이는 신사가 들어왔다. 그 신사는 다짜고짜 세 젊은이를 번갈아 우악스럽게 잡아 일으키며 "어서 일어나! 나 노인이야, 노인."이라 외치며 잠에 취한 젊은이 한 명을 기어코 일으켜 세운 뒤 그 자리에 앉는다. 가까스로 일어난 그 젊은이는 좌석 옆 기둥에 몸을 기댄 채 다시 깊은 잠에 빠졌고, 참다못한 필자는 자칭 노인이라는 이에게 공장에서 밤새워 일하고 돌아오는 길인가 보다 했더니 그는 "젊어서는 고생 좀 하는 게 당연하지."라고 대꾸했다는 내용의 수필이다.

복잡한 전철 안에서 무심코 스쳐갈 수도 있는 풍경을 작품으로 승화시킨 필자. "편한 것만 추구하는 요즘 세태에 공장에서 밤새워 일했을 그들에게 어깨라도 드밀어주고 손잡아 위로해주고 싶다."는 작가의 마음과 시선이 무척이나 따뜻하다. 또한 노인이라고 권리만 내세운, 인정머리라고는 조금도 찾아볼 수 없는 그 젊은 노인에게 한마디 던진 것도 통쾌하다. 결미의 구절은 그 노인만이 아니고 우리 모두에게 성찰해보라고 던지는 경고 메시지가 아닐까 싶었다. 정면으로 비판하지 않고 풍자적으로 묘사한 기법도 뛰어나다. 결미의 구절을 음미해본다.

그런데 참으로 묘하다. 아침에 전철 안에서 만난 신사의 번지르르한 검은 머리가 온종일 쫓아다니며 내 머릿속을 휘젓더니, 귀가하는 전철 안까지 쫓아와 내 귓전에 대고 연신 쇳소리로 외쳐댄다.
"나, 노인이야! 노인!"

「호루라기 부는 할머니」는 15년째 초등학교 앞에서 어린이들의 교통지도에서부터 예절교육을 도맡아하는 85세 김순엽 할머니 이야기다. 인사 잘하는 어린이들에겐 자신의 용돈을 아낌없이 내주어 '예절바른 어린이상' 선물을 주는 할머니. "김 할머니를 만나면 까닭모를 행복이 전이되어 옴을 느낀다. 자그마한 키를 더욱 낮추며 모든 이에게 귀감이 되어 살아가는 김 할머니 앞에 서면 나의 키가 부끄러워 저절로 키를 낮추게 된다."라고 소회를 밝히는 필자. 수필「두 노인」은 노인이 어떤 모습으로 살아가야 하는지를 넌지시 제시하는 감동 깊은 작품이다.

글은 곧 그 사람과 같다고 했다. 장경환 문우를 만나보니 사랑과 정의감이 생활 속에 신앙으로 다져진 올곧은 분임을 느낄 수 있었다. 얼마 전에 발간한 내 책 『멘토를 찾아서』를 읽은 감상을 보내오기도 했다.

"맨 먼저 「또 다른 비상」과 「피에타를 바라보며」를 단숨에 읽었습니다. 선생님의 삶과 인격, 그리고 문향이 돋보이는 글이었습니다. 선생님의 작품을 정독하면서 느낀 것인데요, 내면 깊은 곳에서 울리는 맑고 청아한 고귀한 소리와 이성과 감성을 함축성으로 조절하는 지혜와 인품의 유연함이 얼마나 멋지고 아름다웠는지 모릅니다. 선생님의 글 한 편 한 편을 읽을 때마다 박상주 작가에 푹 매료되어 불현듯 달려가고픈 충동을 느꼈지요. 어느새 선생님은 제 마음 깊은 곳에 향기로운 그리움으로 자리하고 있답니다."라는 메일을 받고 감동이 파도처럼 밀려왔다. 한 작품 한 작품을 그토록 애정을 갖고 읽은 그녀가 참 고맙고 경이로웠다.

그녀는 「두 노인」이 월평에 선정된 계기로 글을 더 열심히 쓰겠노라고 했다. 그리고 아침마다 휴대폰에 정성스런 기도문을 보내온다. 마음이 참 따뜻하고 아름다운 사람이다.

친구가 된 제자들

오월 어느 날, 교무실의 전화벨이 울렸다. "선생님, 저 기억하실지 모르겠는데, 금광초등학교 3학년 때 제자인 최기동입니다. 이번 스승의 날에 저희 동기들이 서울에서 근무하고 계시는 은사님들을 모시고 식사대접하고 싶은데, 선생님 꼭 와 주실 거지요?"란 전화였다. 나는 흔쾌히 가겠노라고 답했다.

몇 십 년 만에 만나는 제자들의 모습은 얼마나 변했을까? 40대 중반이 되었을 제자들의 모습을 떠올리며 설레는 마음으로 회식 장소에 갔다. 선후배 선생님들이 초대되어 와 계셨고, 20여 명의 제자들이 반갑게 맞아주었다.

제자들은 "저 누군지 아시겠어요?" 앞 다투어 물어보는데, 모습은 많이 변했지만 다 알아볼 수 있었다. 한 명, 한 명씩 이름을 불러주니 자신을 기억한다고 모두 좋아했다. 20대 중반, 결혼하기 직전에 담임했던 금광초등학교 3학년 3반은 창고를 개조해서 만든 창문도 없는 교실에다 남학생만 40명 정도 구성된 특별한 반이었다. 얼마나 개구쟁이이고 악동들처럼 나를 힘들게 했던지 울기도 많이 했다. 나는 시간 날 때마다 동화도 들려주고 위인전을 많이 읽어주며 책을 많이 읽도록 권하면서 정서를 순화하고자 노력했다. 참으로 유난스러운 제자들이어서인지 한 사람 한 사람 기억이 다 떠올랐다. 초등학교 시절 자신들을 가르쳤던 선생님들을 모은 자리여서 옛 추억을 소환하며 즐거운 시간을 보냈다.

그 후로도 제자들이 군산에서 동기 모임을 한다고 초대해서 참석했는데, 한번은 군산 교외에 위치한 L 제자의 덕봉미술관을 방문했다. 고미술품들을 수집하여 운영하는 미술관을 둘러보며 참 대단하다는 생각을 했고 돌아오는 길에 작은 성의 표시를 했는데 그 무렵 제자의 재정상태가 많이 힘들었던지 선생님이 주신 성의가 큰 힘이 되었다고 두고두고 고마워했다. 첫 번째 수필집에 「덕봉미술관을 찾아서」란 수필을 써서 게재하기도 했다.

제자들이 개별로 찾아오는 예는 더러 있지만 이토록 단체로 초대하는 일은 드물어서 고맙고 흐뭇했다. 그 중심에는 최기동 제자가 있었기에 늘 고마운 마음이다.

40여 년의 교직 생활을 마치면서 정년 퇴임식과 수필집 출판기념회를 가졌다. 금광 3학년 제자들 20명이 군산에서, 인천에서, 서울에서 모여와 축하해주어 더욱 감명 깊었다. 로펌에 변호사로 재직 중이던 오상현 제자가 제자들 대표로 축사를 했다.

"박상주 선생님, 선생님의 시처럼 당신은 한 그루의 나무입니다. 희망과 기쁨, 평화를 나누어주고, 사랑을 실천하는 그 나무가 있었기에 오늘의 저희가 있고, 그 그늘 아래서 저희가 쉬고, 생각하고 일합니다. 오늘 선생님의 정년퇴임을 기념하는 영광된 자리에 참석하게 된 것을 대단한 행운으로 생각하오며, 부디 건강하시고, 하고 싶었던 일 마음껏 하시면서 계속 저희들의 그늘이 되어주십시오."

그 카드는 가끔 꺼내어 읽어보고 곱씹어 봐도 감동이다. 오상현 제자는 그 뒤로 모교인 S법학전문대학원 교수로 재직하고 있다가 현재는 변호사로 일하고 있다.

언젠가 고향 군산에 갔을 때, 대로변에서 넙죽 엎드려 절을 하던 청년이 있었다. 손을 잡아 일으키며 감동했던 제자 또한 금광초등학교 3학년 제자였다. 특별히 잘 해준 기억도 없는데, 선생님이 들려주던 위인전을 마음에 새기며 잘 성장하고 있다던 나춘이 제자는 금융업에 투신하여 은행지점장까지 잘 마치고 은퇴 후 새로운 일에 도전하고 있다. 그는 "선생님, 언제든 연락주시면 맛있는 점심 사드릴게요."라고 말한다. 만나면 마음 편히 일상적인 대화도 나누고 어려운 일이 있을 땐 조언도 구하는 친구 같은 제자가 가까이 있어서 행복하다.

　나춘이, 오상현 제자는 『멘토를 찾아서』 출판기념회 때도 참석하여 축하를 해주었다. 최기동 제자는 스승의 날, 명절 때면 잊지 않고 전화를 해서 안부를 묻곤 한다.

　제자들의 바람처럼 내가 정말 한 그루의 나무가 되어 그들의 버팀목이 되어주고 있는지 돌아본다. 친구 같은 제자, 효자 같은 제자들이여! 힘든 일, 궂은일 있을 때는 언제든 찾아와서 기대주길 바라며 모두들 빛나는 삶을 살아가길 소망한다.

34년 만의 해후

　스승의 날을 며칠 앞둔 어느 날, 한국수필가협회에서 연락이 왔다. S초등학교 3학년 때 가르쳤던 정우용 제자가 나를 애타게 찾고 있으니 연락해 보라는 전화였다. 나는 바로 제자에게 전화를 했다.

　"선생님, 저 우용이에요." 의젓한 청년의 목소리에 "아, 우용이구나! 얼마만인가." 반가움에 울컥했다. 제자는 그동안 나를 찾아보려고 스승 찾기 코너에 여러 번 문의했지만 어렵다는 답변을 들었고, 인터넷에 내 이름을 검색했더니 『한국수필』로 등단한 기사가 있어서 연락한 것이라고 했다.

　제자가 나를 찾으려는 연유는 무엇이었을까? 오랜 교직 생활을 하면서 나름 사랑과 정성을 기울여 많은 제자들을 배출했지만 이토록 간절하게 나를 찾는 제자가 있다니 감동이었다.

　기억의 강에 묻혀 있던 몇 십 년 전의 초등학교 3학년 4반을 담임했던 그 시절이 떠올랐다. 그 제자는 또래에 비해 의젓하고 영특했기에 내가 많이 기대했었다. 유난히 똑똑한 제자들이 많았던 그 반에서 반장 지망생이 많았지만, 우용이는 2학기 반장으로 당당히 선출되어 학급활동을 잘 해 나갔다. 학년이 바뀌고도 몇 년 동안은 서로 소식을 전하곤 했는데 내가 학교를 옮기고 이사 하는 바람에 소식이 끊기고 말았다.

드디어 제자를 만나는 날, 설레는 마음으로 약속장소에 갔다. 제자는 아내와 초등학교 1학년 딸과 유치원생 아들과 함께 왔다. "선생님!" 부르며 다가온 그는 길에서 만났다면 못 알아볼 만큼 번듯한 장년의 모습이었다. 내 마음속엔 아직도 쬐끄만 소년으로 자리하고 있는데….

제자는 3학년 때 받았던 통지표와 내가 보내준 편지, 그림엽서 등을 내놓았다. 그동안 고이 간직해온 제자의 모습에 가슴이 울컥했다. 제자는 1, 2학기 모두 올 수秀인 통지표를 보여주며, "선생님, 1학기 기말고사에서 전 과목 올 백(All 100점)을 맞은 건 3학년 때가 처음이었어요. 선생님은 저를 방과 후에 따로 남겨놓고 부족한 공부도 보충해 주시고, 글씨체를 고쳐주신다고 엄청 애쓰셨잖아요."고 했다.

제자는 내 수업이 너무 신나고 재미있어서 집중했던 기억이 난다고 했다. 수업 중에 발표를 하면 '발표 상', 좋은 대답을 하면 '생각하는 상' 등 도장을 찍어주며 칭찬해 주었는데 그 도장이 너무 받고 싶었다는 것이다. 그리고 한 학기 마칠 때 도장을 많이 받은 아이들에게 수첩 등을 선물해 주었는데, 소녀의 기도라고 쓴 수첩을 선물 받고 무척 기뻐했단다. 그런 일들이 공부에 대한 동기부여와 성장의 원동력이 되었다니 나 또한 기뻤다.

그는 선생님이 자기를 사랑의 마음으로 특별히 아껴주고 격려해주었기에 자신감과 자존감을 갖고 30년이 넘는 동안 스스로를 지키는 힘이 되었다며 잊을 수 없는 은사님이라고 힘주어 말했다.

그는 내가 늘 말하던, 노자의 도덕경 중 '남을 아는 사람보다 자신을 아는 사람, 남을 이기는 사람보다 자신을 이기는 사람이 더 훌륭하다는' 말을 늘 마음에 새기고, 자신을 인정해 주고 격려해 준 나의 간절한 기원 덕에 더욱 성장할 수 있었다고 말했다. 그 힘으로 Y대 경영학과를 졸업하고 대기업 부장으로 열심히 일하고 있으며 결혼해서 아이 둘 낳고 잘살고 있다니 듣기만 해도 기뻤다. 아, 나도 모르는 사이에 내가 그 제자에게 피그말리온 효과Pygmalion effect를 갖게 했다니 뿌듯했다.

피그말리온 효과는 누군가에게 믿음과 기대를 갖고 꾸준히 염원하고 노력을 기울이다 보면 그대로 실현된다는 교육 이론이다.

　내게도 피그말리온 효과를 갖게 해준 분이 있다. 친정아버지는 9남매 중 여섯째인 나를 유독 사랑해 주었다. 술을 드시고 온 저녁이면, 밥상머리에 나를 앉혀놓고 "넌 똑똑하니까 커서 박사가 되거라, 암 되고말고." 하시면서 내게 아낌없는 지원을 해 주었다. 아버지의 자성예언自省預言은 마음속에 깊이 각인되어 공부할 때나 사회활동을 하면서 자신감과 높은 자존감을 갖고 당당하게 대처하는 힘이 되었다. 그리고 그것이 매사 최선을 다하는 원동력이 되었다. 아버지의 염원처럼 박사는 못 되었지만 석사학위에 학교장도 역임하고 꿈꾸던 문인도 되어 이렇게 작품 활동도 하고 있다.

　34년 만에 만난 그 제자는 "선생님, 혹 J라는 친구 기억나세요?" 하면서 3학년 때의 일화를 들려줬다. 친구 J는 공부는 곧잘 했지만 오락실에 자주 들락거려서 선생님은 그 친구 엄마와 상담한 뒤, 자신에게 친구가 되어주면 어떻겠느냐고 부탁했다는 것이다. 제자는 그 친구와 서로의 집을 오갔으며, 오락실에 자주 가는 이유가 가정환경에 기인함을 알게 됐고, 오락실 외에는 큰 문제는 없어 보였다고 했다. 공부만 했던 제자는 그 친구와 함께 다니면서 새로운 세계를 경험하며 친구에게서 배운 점도 많다고 했다. 기억이 안 났지만 모범생인 우용이를 엄청 신뢰했기에 그런 어려운 부탁을 했었던 듯싶어 미안하기도 하고 고맙기도 했다.

   제자와 함께 몇 십 년 전으로의 시간 여행을 하고 나니 열정을 쏟던 그 시절이 그리웠다. 제자는 "선생님이 등단을 안 하셨으면 영영 못 뵐 뻔했네요. 늦었지만 이렇게 건강한 선생님 모습을 뵐 수 있어서 얼마나 다행인지 모르겠어요."라며 안도하는 듯싶었다. 선생님께 아내와 아이들도 인사하게 하고 싶어서 함께 왔노라면서 앞으론 자주 찾아뵙겠다 했다.

   34년 만에 만난 제자 덕분에 초록으로 눈부신 나무가, 울타리에 핀 빨간 장미들이, 모두 내 것인 양 마냥 기쁜 날이었다.

아메리칸 드림의 허와 실
- 영화 「앤드류 서의 비극」을 보고

2013년 4월 24일, KBS2에서 방영한 「앤드류 서의 비극The House of Suh」을 시청했다. 이 다큐멘터리 영화는 2005년부터 제작, 2010년에 완성했으며 상영시간은 총 90분으로 앤드류 서가 내레이션을 직접 맡았다. 시카고 출신의 심경미(28, 미국명 아이리스 김)감독이 제작하였으며 '2011 로스앤젤레스 아시안 퍼시픽 페스티벌'에서 다큐멘터리 최고상인 작품상과 감독상을 받았다.

「앤드류 서의 비극」은 지난 1993년 11월 11일, 누나의 약혼자를 살해한 사건을 배경으로 한 영화로 아메리카 드림을 꿈꾸던 이민가족의 비극적 종말을 그린 다큐멘터리이다.

두 살에 미국으로 이민 간 앤드류 서는 열한 살에 아버지를 암으로 잃고, 2년 뒤에는 세탁소를 운영하던 어머니마저 흉기에 찔려 사망하면서 고아가 됐다.

고교학생회장, 대학전액 장학생 입학으로 슬픈 가정사를 극복하고 있던 서 씨는 1993년 누나로부터 "어머니를 죽인 건 생명보험금을 노린 자신의 전 약혼자 로버트 오두베인이라며 네가 어머니의 처참한 죽음에 대한 복수를 해야 한다"고 부추겼다. 그는 오두베인을 권총으로 살해했고, 1995년 징역 100년 형(이후 80년으로 감형)을 선고받고 현재 일리노이주 콘디악 교도소에 복역 중이다.

심 감독은 "살인사건 자체만 보는 시각만이 아닌 '아메리칸 드림' 속에 숨겨진 가정의 이야기를 객관적인 시각으로 조명했다."고 소개했다.

이 영화를 보면서 허망하게 깨져버린 아메리칸 드림, 처참한 비극으로 끝난 이민가정의 희생물인 앤드류 서의 선해 보이는 눈빛이 안타깝고 마음 아팠다. 그리고 근원적인 질문들을 던져본다.

앤드류 서의 가족이 이민을 가지 않았다면 어땠을까? 그의 아버지는 한국에서 군 고위직이었고, 어머니는 약사여서 안정적인 생활을 영위할 수 있는 형편이었을 텐데 왜 굳이 이민을 선택했을까?

그 속내는 확실히 알 수 없지만 이민을 감행하는 대부분의 부모들처럼 아이들을 좀 더 좋은 환경에서 교육시키려는 욕심이 앞섰던 건 아닌지 유추해본다. 우리나라의 교육이나 경제 상황이 지나치게 경쟁적이다 보니 내 아이만 잘되면 된다는 풍조가 만연하는데서 기인한 건 아닐까.

그의 부모가 아이들의 교육을 최우선시 했다면 남매에 대한 평등한 사랑과 아이들이 겪는 갈등이 무엇인지 배려하는 자세와 노력을 좀 더 기울였으면 어땠을까 하는 아쉬움이 남는다. 생업에만 전념하며 가족과 단절된 이민생활을 하는 부모세대와 2세 자녀들과의 언어소통과 문화적 갈등을 해소하기 위한 적극적인 대처방안이 부족했던 건 아닐까 싶다.

서 씨의 아버지는 매우 권위적이고 가부장적이어서 "이 집은 내 집이니 내 말을 들어야하며 듣지 않으려면 집을 나가라"고 할 정도로 과격했다. 또한 아들에게는 무한 신뢰를 보내면서 딸에게는 차별을 많이 했으며 그로 인해 딸 캐서린 서는 아버지와 자주 부딪혔고, 성격이 많이 빗나갔다고 한다. 서 씨의 누나는 남자 문제로 아버지와 크게 다툰 뒤 가출했고 나중에 유산도 아들에게만 몽땅 남기고 딸에겐 한 푼도 주지 않았던 걸 봐도 차별이 아주 심했던 듯하다. 아버지의 사랑의 부재, 가정 안에서의 소통의 부재, 아들에 대한 지나친 편애가 비극의 단초가 되지 않았을까.

  서 씨의 어머니 살해범은 끝내 밝히지 못했다. 수사 초기에 서 씨의 누나를 범인 내지 약혼자와의 공범이라고 지목했으나 약혼자가 알리바이를 입증하여 벗어났다고 한다. 서 씨의 어머니가 사망한 뒤 누나와 약혼자 오두베인은 집에 들어와서 재산을 관리했으며 엄청난 재산과 보험금으로 나이트클럽을 운영하며 부와 사치를 누렸다고 한다. 그러다가 약혼자와의 사이가 악화되자 동생에게 "오두베인이 보험금을 노리고 어머니를 살해했으니 네가 복수를 해야 한다"고 부추긴 것이다. 서 씨의 누나는 살인 사주 죄로 종신형을 받고 복역 중이며 누나를 만나고 싶다는 연락을 해도 그런 동생 둔 적 없다고 만나기를 거부하고 있다고 한다.

  열아홉 살에 교도소 생활을 시작한 서 씨는 이제 서른일곱 살이 되었다. 초점을 잃은 시선으로 그는 질문을 던진다. "당신이라면 어떤 선택을 했을까요?"라고. 어려서부터 학교에서 돌아오면 부모님 일을 도와드리고 통역을 해주며 가족을 최고로 생각하며 살아온 앤드류는 불과 열세 살의 어린 나이에 37 군데나 칼로 무참히 찔려 사망한 어머니의 처참한 모습이 충격 그 자체였다고 말했다. 거기에다 앤드류의 아버지가 돌아가시면서 "네가 엄마를 꼭 지켜주어야 한다"고 몇 번씩이나 유언으로 남겼는데, 엄마를 지키지 못했다는 자책감으로 괴로워했다. 사고 당시 등 뒤에서 "피 빨리빨리 깨끗이 닦아라"라고 내뱉던 매형인 오두베인이 범인이라니 피가 거꾸로 솟는 것 같았다고 고백했다.

어떤 이유에서건 살인의 행위는 있어서는 안 되었지만 그는 이성적인 판단으로 법에 호소하지 않고 스스로 단죄에 나섰다.

여기서 간과해서는 안 될 일이 있다, 이민자에 대한 보이지 않는 차별이다. 심경미 감독은 사견임을 밝히며 앤드류 서의 어머니가 살해당했을 때는 단지 에바스톤 지역경찰에 의해 사건이 조사됐으며 끝내 범인을 밝혀내지 못한 반면 누나의 약혼자 오두베인이 살해됐을 때는 연방수사국(FBI)이 사건을 맡았으며 내셔널 와이드 뉴스가 되었다며 만일 오두베인이 백인이 아니라면 어땠을까 반문했다.

아메리칸 드림을 꿈꾸던 일가족이 어머니는 무참히 살해당했고, 딸은 종신형, 아들은 80년 감옥생활이라니, 비극치고는 너무도 처참한 비극이어서 분노가 일 정도였다.

앤드류 서는 2034년에 가석방된다는데 58세 장년의 나이가 될 것이다. 다행인 것은 앤드류 서가 기독교 신앙을 갖고 열심히 기도하며 모범적인 수형생활을 하고 있으며 대부 이정구 씨를 비롯한 많은 한국 교인들이 그를 위해 끊임없이 기도하고 있다는 사실이다.

　앤드류 서는 캄캄한 좁은 감방 안에서 간절한 기도생활을 하며 견디고 있다. 그는 "기도 속에서 점점 커지는 영혼의 울음소리를 듣습니다. 꼭 붙들어야 한다, 꼭 붙들어야한다, 좀 더 참고 붙들면 주님의 약속의 빛은 먼 동쪽 하늘처럼 밝아올 것입니다."라고 토로하고 있다.

　앤드류 서, 나도 그를 위해 간절히 기도한다.

※ 미국 이민사의 비극, 앤드류 서가 2024년 1월 29일 모범수로 인정받아 30년 만에 석방되었다는 기사를 접했다. 교민들의 탄원도 석방하는데 큰 몫을 했다고 한다. 인터뷰하는 앤드류 서는 감사와 회한의 모습이 역력했다.

4부

노을이 보이는 집

노을이 보이는 집

 누군가는 일출이나 일몰을 보기 위해서 바닷가나 높은 산을 찾아가지만, 인천의 청라아파트로 이사 온 뒤로는 거의 매일 노을을 마주하곤 한다. 하루 종일 태양을 의식하지 못하고 있다가 역설적이게도 수평선 너머로 넘어가기 전의 태양이 어찌나 아름다운 빛깔과 영롱한 자태를 보이는지 눈을 떼지 못한다. 매일 보는 정경이건만 하루도 똑같은 모습의 일몰은 없다. 그 찬란한 아름다움은 잠시 하던 일도 멈추게 하고 태양이 수평선 너머로 자취를 감출 때까지 숨죽이며 그 자리에 서 있게 한다.

 내일이면 다시 떠오를 태양이지만, 지금은 수평선 너머로 자취를 감추며 저무는 하루와 함께 소멸해 간다. 하늘 아래 존재하는 모든 것은 유한하기에 더 아름다운 것은 아닐까. 태양이 빛으로서가 아니고 자신의 정체를 또렷하게 드러내며 정점頂點의 아름다움을 드러내는 것은 어쩌면 일몰 때이리라. 서쪽 하늘을 핏

빛으로 찬란하게 물들이다가 잠시 눈 돌릴 틈조차 주지 않고 태양은 그 자태를 감추고 만다. 금세 어둠에 휩싸인 하늘 가, 미련 없이 저세상으로 떠나는 인간의 죽음처럼 덧없음을 느낀다.

50여 년 동안 정들여 살던 서울살이를 잠시 접고 이곳으로 이사 오게 된 것은 남편의 지병을 치료하기 위해서였다. 남편은 몇 년 전부터 사위가 교수로 재직하고 있는 대학병원에서 치료를 받아왔는데 차츰 병세가 악화되어 병원 가까이 이사하게 된 것이다.

남편과 함께 했던 시간들을 돌아본다.

처음 남편을 만나게 된 것은 20대 초, 같은 학교에 근무하던 지금은 형부가 된 K 선생님이 글 잘 쓰는 친구가 있는데 한번 만나보라고 권해서였다. 문학을 꿈꾸던 시절, 시와 수필 등 습작을 하며 교내 방송용 멘트도 쓰던 나를 위한 배려였던 듯싶다.

내 글들을 읽고 난 남편은 감성적으로 잘 썼는데, 감상에 치우친 경향이 있다면서 "괴로워하라, 슬퍼하라 그리고 그것을 넘어서서 노래하라."고 조언해주었다. 그 조언은 내가 글을 쓰는 동안 내면 깊은 곳으로 내려가 피상적인 것을 넘어서서 나의 슬픔과 고통을 마주보게 했다. 자신의 슬픔과 괴로움을 껴안은 영혼만이 슬픔 속에서 나와서 노래할 수 있다는 것을 삶을 통해서 깨달으며 표현하고자 했다. 20대 젊은 나이에 그런 조언을 할 수 있었던 삶의 철리哲理를 터득한 그 시절의 남편에게 경의를 표하고 싶다.

  그 무렵 남편은 군산 시청 공무원으로 근무하면서 사법고시를 준비하고 있었다. 언젠가는 모 일간지 신춘문예에 희곡을 응모한다면서 꽤 많은 분량의 원고 뭉치를 읽어보라고 내게 줬다. 구성도 탄탄하고 반전도 있고 재미있게 썼던 걸로 기억이 난다. 그 뒤로 글을 써서 서로 나누면서 자주 만나게 되었다. 내게 설안雪岸이란 호를 지어준 것도 그 무렵이다. 눈처럼 순결하고 깨끗하며, 아름다워서라고 했다. 눈 언덕, 발음도 부드럽고 남편이 지어준 호라서 지인들과 공유하며 닉네임으로도 즐겨 쓰고 있다.

  우린 1963년 6월에 결혼했고, 3남매를 낳아 행복한 젊은 시절을 보냈다. 남편은 결혼한 뒤에도 몇 차례 사법고시에 응시하다가, 그 꿈을 접고 공무원직에 충실하였다. 그러다가 서울중앙부처로 전근을 하게 되었고, 6개월 만에 나 또한 서울의 학교로 전근하게 되었다. 그 시절엔 소망하는 일들이 척척 이루어졌고, 남편은 비교적 젊은 나이에 서기관 승진을 하게 되었다. 남편은 내가 학교생활을 하면서 자기계발도 할 수 있도록 적극 도와주었고 나 또한 남편이 공무원 생활을 잘 수행하도록 내조를 열심히 했다.

　하지만 시간이 지날수록 우리 부부 사이에는 보이지 않는 틈이 생기기 시작했다. 우리는 서로 행복의 기준이 달랐던 것 같다. 남편은 직장 외에는 가족이 전부였으며 가족 관계 안에서의 깊은 유대와 친밀감이 삶의 원천이었다. 그에 반해 나는 활동적이고, 사람들과 어울리는 것을 좋아했다. 아이들에게 여러 가족과 함께 소풍을 가거나 모임을 갖게 해서 시야도 넓히고 사람들 관계 안에서 세상을 배우게 하고 싶었지만 남편은 내켜하지 않았고, 심지어 나의 활동반경에 제동을 걸기까지 하였다. 이런 갈등 때문에 남편은 자주 화를 내 우리 아이들은 많이 힘들어했고, 나 또한 결혼생활에 대한 회의를 느끼며 우울한 날들을 보냈다.

　우리는 서로 자기가 생각하는 행복의 기준을 상대방에 맞추려고 부단히 노력하면서 결혼 중반기를 보내고, 어느새 자기만의 삶의 방식을 터득해 나갔다. 나는 상대방이 변화되는 것에는 일찍이 마음을 접었지만, 남편의 보폭과 적당히 맞추며 내가 원하는 삶을 찾아갔다. 남편과 내가 아름다운 화음으로 이중창은 못하더라도 적어도 겉으로는 목소리를 높이는 부부는 아닌 삶을 살기 시작했다.

　남편은 1995년 6월, 1급 공무원으로 정년퇴직을 하면서 퇴임사에서 "아내에게 고마운 마음을 전한다면서 여생은 아내에게 잘 해줄 것"이라고 눈물어린 약속을 했다. 그 뒤로 서예와 컴퓨터에 심취하여 가족카페도 만들어 운영하고 여행도 가곤했다.

남편이 퇴직한 뒤에 나는 교장으로 늘 바빴고, 정년퇴직한 뒤에는 문학 활동 등으로 직장생활의 연장선상인 양 여전히 바빴다. 아내에게 잘 해줄 것이라는 퇴임사의 약속은 바쁜 나 때문에 지킬 새가 없었을 것이다. 아니, 약속을 지킨 것 같기도 하다. 바쁜 나를 별 다른 불만 없이 묵묵히 지켜보며 어려운 일이 생길 때마다 조언해 주고 격려해주곤 했으니까.

그러던 중, 남편이 신부전증으로 혈액투석을 하면서 점차 건강이 나빠졌고, 암 말기 판정까지 받고 사경을 헤매게 되었다. 나는 일체의 바깥활동을 중단하고 환자에게 맞는 식사와 이부자리를 봐주며 그의 손과 발이 되어 5년의 시간을 보냈다. 남편이 내게 바라던 행복한 삶은 아주 소박한 것이었는데 그걸 아픈 다음에야 하게 되다니.

2016년 봄 끝자락에 두 번이나 죽음의 문전을 오간 남편은 오랫동안 냉담했던 신앙을 되찾고 병자성사를 받은 후, 마치 그동안 삶의 얼룩을 눈물로 다 씻어 낸 것처럼 맑은 영혼이 되어 새로 태어난 듯했다. 몇 년만 더 여기에서의 시간을 달라고, 아직은 보낼 준비가 안 되었다고 간청한 기도를 하느님께서 들어 주셨는지 남편은 잠깐 회복되기도 했다.

  2019년 새해를 맞은 남편은 자신의 죽음을 예감했는지, 천상병 시인의 시 '나 하늘로 돌아가리라'는 「귀천」을 자주 읊기도 하고, 어린 시절부터 좋아했다던 동요 「반달」을 들으며 눈물짓곤 했다. 2019년 7월 초, 1주일간의 입원 치료를 받은 남편에게 "내일은 퇴원해서 집에 갑시다. 당신 방 정리하느라 좀 늦었네요." 했더니 힘없이 "미안해."라고 했다. 늘 미안해란 말을 내게 자주 하던 남편, 그 말이 마지막 말이 될 줄이야….

  다음날 새벽, 남편의 병이 악화되어 중환자실로 간 뒤 영영 말문이 막히고 말았다. 한 달 반 동안 중환자실에서 이별의 시간을 준비하게 되었다. 남편은 말은 못했지만, 눈빛이나 눈 깜빡임, 손을 잡는 등 다른 방식의 대화를 통해서 가족들에게 사랑을 다 주고 갔다. 아침, 저녁 면회할 때마다 나와 아이들도 그동안 어색해서 하지 못하던 사랑의 고백을 했다. 30분 동안의 면회시간이 얼마나 귀한지 그 시간 동안 줄 수 있는 사랑을 다 담아 전했다.

  유한한 시간 앞에서 절정의 사랑을 나누는 가족들의 모습이 처연하게 아름다웠다. 마치 수평선 너머로 넘어가는 노을 진 태양의 찬란한 아름다움처럼. 수평선 너머로 지는 태양이 내일은 다시 떠오르듯이 가족들과 지극한 사랑을 나눈 그 사랑의 힘으로 먼 길을 떠나 천국에서 다시 태어나기를 기도했다.

2019년 8월 26일 새벽 4시, 남편은 자신이 가장 좋아하는 이별의 노래를 들으며 밤새 딸의 손을 놓지 않고 딸이 자신의 전 존재를 담아 전한 사랑의 작별 인사 속에서 먼 길을 떠났다. 장례미사는 예수회 최준열(다미아노) 신부님이 집전했다. 장례미사가 처음이라는 신부님은 가족들의 영혼에도 아버지의 사랑을 간직하게 할 만큼 깊은 감동의 강론을 해주셨다. 떠나는 남편에게 큰 선물이었을 것이다.

남편이 떠난 지 9개월, 나는 아직도 미망迷妄속에 있다. 집안 곳곳에 남편의 흔적은 남아있는데 그이는 영영 부재중이다. 가장 마음 아픈 것은 나는 왜 밖에서 파랑새를 찾아 헤매느라 오랜 시간 동안 남편을 외롭게 했을까, 하는 자책이다. 파랑새를 찾아 헤매던 동화속의 주인공이 긴 여정을 마치고 집에 돌아왔을 때 그토록 찾던 행복의 파랑새는 바로 집안에 있었는데, 이제 나의 집엔 더 이상 그 파랑새가 없다. 함께 하는 것이 행복인데 무엇을 위해 시간에 쫓기며 일을 하느라 남편에게 내주는 시간에 그리도 인색했을까.

슬픔에 젖어있는 나에게 손녀가 위로의 문자를 보내왔다. "할머니, 지금은 할아버지의 부재로 슬픔에 잠겨 있어도 그 동굴에서 스스로 천천히만 나오세요. 그 밖에서 우리가 기다리고 있을게요."라고. "그래, 우리 나연이 말대로 그 슬픔의 동굴에서 나오도록 해 볼게."라고 답하며 힘을 얻는다.

어깨를 기대고 지는 저녁놀을 함께 볼 수 있다면 얼마나 좋을까.

나는 오늘도 하릴없이 노을을 바라보며 박목월 작사 「이별의 노래」를 부른다. "산천에 눈이 쌓인 어느 날 밤에/ 촛불을 밝혀 두고/ 혼자 울리라/ 아아, 너도 가고 나도 가야지…"

지옥과 천국 사이

 몇 년 전 6월 어느 날, 갑자기 호흡기에 문제가 생겨서 대학병원을 찾았다. 몇 가지 검사를 마친 다음, 그 병원에 교수로 재직하는 사위와 함께 진료실로 들어갔다. 담당 교수는 한참이나 컴퓨터에서 내 검사 자료들을 검색해보더니, "아, 이거 큰일인데요. 활동성 폐결핵입니다. 오늘 당장 격리병동에 2주간 입원하셔서 치료를 받아야 합니다."고 말을 마치더니 서랍에서 의료진들이 쓰는 전문용 마스크 두 개를 꺼내어 사위에게 한 장 건네고, 자신도 마스크를 쓰는 것이었다.

 코로나19로 인해 마스크 쓰는 게 일상화 되었지만 몇 년 전 만해도 낯선 풍경이었다. 그 모습만 봐도 내 상태가 얼마나 심각한지, 전염성이 강한 환자임을 느낄 수 있었다. '활동성 폐결핵, 2주간 격리치료'란 교수의 선고는 대단한 충격이었고 아무 생각도 나질 않았다. 교수는 온 가족 모두 검사를 받아야한다고 덧붙였다. 중환자인 남편과 가까이 사는 딸네 가족 모두, 내가 자주 만나던 지인들에게까지 검사받도록 해야 하다니 참으로 난감했다. 더욱이 수험생인 손녀에게 가장 미안한 마음이 들었다. 할머니 음식이 맛있다고 해서 가끔 반찬을 나누어 먹곤 했는데….

얼마 전 서울에서 이곳 청라로 이사하면서 집 정리하느라 무리가 되었는지 체중도 많이 줄고, 마른기침이 나오면서 각혈을 했다. 그런 일은 처음이라서 당황하고 기분이 무척 나빴다. 기침을 하는 게 두려웠지만 이렇게 심각한 병에 걸려 있을 줄은 상상도 못 한 일이다.

당장 입원수속을 하기 위해서 딸과 함께 원무과에 가서 수속을 한 뒤 대기하고 있었다. 내 보살핌이 필요한 환자인 남편과 아들에게 집안일을 맡기고 2주간이나 격리 치료를 해야 한다니 마음이 복잡했다. 평소에 함께 사는 아들에게도 집안일을 분담하게 할 걸 대비하지 못한 아쉬움과 후회가 컸다. 영국의 극작가 버나드 쇼가 죽기 전에 남긴 말이기도 하고, 묘비명으로 쓴 "우물쭈물하다 내 이럴 줄 알았다."란 말이 내게 딱 적용되는 듯싶었다. 이게 바로 지옥이구나 싶었다.

돌아보면 폐결핵은 내게 그리 낯선 단어는 아니다. 그 병을 앓게 된 힘든 시절이 있었기 때문이다. 20대 후반 둘째 아이 해산

한 달을 앞둔 2월, 건강검진 결과 폐결핵 경증 판정을 받았다. 담당의사는 임신 중이기 때문에 약을 복용할 수가 없으며 치료는 해산 이후부터 해야 한다고 했다. 폐결핵 치료는 완치 판정을 받을 때까지 적어도 2, 3년 정도는 꾸준히 약을 복용해야하며 영양상태도 잘 유지해야한다고 당부했다. 다행인 것은 활동성은 아니어서 전염 염려가 없다는 점이었다.

갑작스런 폐결핵 진단은 커다란 충격으로 다가왔고, 무엇보다도 태중의 아기에게 한없이 미안했다. 발병 원인을 단정 지을 순 없었지만 결혼 후 1년 만에 첫 아이를 허산했고, 교사 생활을 하면서 육아에, 집안일, 시집살이로 받은 정신적인 스트레스 등 내가 감당하기 벅찼던 일들이 그 병의 원인이 아닐까 추론할 뿐이었다.

병 진단을 받은 이후, 태어날 아기에게 영향을 줄까 걱정되어 단백질 위주의 식사와 영양제 섭취 등 각별히 건강에 신경을 썼다. 그 해 3월, 예쁜 딸아이를 출산했고 모유 수유를 했기 때문에 아기를 위해서도 잘 먹으려고 노력했다. 해산 한 달 뒤부터 결핵약을 복용하기 시작했다. 결과를 체크하기 위해서 3개월에 한 번씩 엑스레이 촬영을 했다.

그러던 어느 날, 엑스레이를 촬영한 뒤, 진료실에 들어갔더니 담당 의사의 표정이 심상치 않았다. 늑각염이 아주 심해서 아기

젖도 떼고, 입원해서 치료를 받아야 한다고 했다. 그리고는 간이 수술하듯이 옆구리에 소독을 하더니 큰 주사기로 물을 빼냈다. 병원을 나서니 찬바람이 옷깃에 파고들어 몸도 마음도 오싹했다. 나뭇잎이 뒹구는 11월의 스산한 거리를 걷노라니 나도 모르게 눈물이 흘러내렸다. '왜 이렇게 몸이 약하고 아파야만 할까?' 어린 아가를 떼어놓고 병실에 누워 있을 생각을 하니 참담하기만 했다.

며칠 뒤, 다른 병원에 가서 검사를 했더니, 그 병원 의사의 오진이었다는 판정을 받았다. 그나마 마음이 놓였, 딸아이는 다행히 건강하게 잘 자랐다. 결핵약을 3년 정도 꾸준히 복용한 뒤 완치 판정을 받고, 약도 중단했다. 결핵에 대한 생각은 까맣게 잊고, 몇 십 년 동안 건강하게 살아왔는데…

간헐적인 각혈을 대수롭지 않게 생각하고 진료 받으러 왔는데, 격리병동에서 2주 동안이나 치료를 받아야 한다는 이 상황을 어떻게 받아들여야 할지 조용히 눈감고 기도에 잠겼다. "두려워 하지마라, 내가 널 지켜 주리니" 그 분의 음성이 들려오는 듯했다. 소용돌이치던 여러 생각들의 갈피를 잡고 마음의 평정을 찾기 시작했다. '그래, 집안일은 요양보호사와 딸에게 부탁하고, 그동안 남편 병간호로 지칠 대로 지쳐있으니 2주 동안 치료받으면서 심신을 쉬기로 하자'라고 생각하니 마음이 한결 편해졌다.

입원실에 올라가기 위해 대기하고 있던 중, 딸이 전화를 받더니 "엄마, 입원 안 해도 된대요. 추후 검사 결과가 나왔는데, 활동성 결핵이 아닌 걸로 판명이 됐다네요." 딸과 나는 손을 맞잡고 겅중겅중 뛰면서 환호했다. 몇 시간 동안 난 지옥과 천국을 오간 것이다. "오, 감사합니다, 감사합니다!" 외치면서 집으로 돌아왔다.

모란이 필 무렵

　봄을 느낄 겨를도 없이 모란은 지고, 오월도 가고 있다. 모란이 질 무렵이면 김영랑의 시 「모란이 피기까지는」을 음미하곤 한다. 곡을 붙여 노래로도 부르는 이 시, 중요한 모임에서 지명을 받으면 이 노래를 즐겨 부르곤 했다. 나의 애송시, 무엇이 그토록 나를 매료시켰을까?

　　모란이 피기까지는/ 나는 아직 나의 봄을 기다리고 있을 테요/ 모란이 뚝뚝 떨어져 버린 날/ 나는 비로소 봄을 여윈 설움에 잠길 테요// 오월 어느 날 그 하루 무덥던 날/ 떨어져 누운 꽃잎마저 시들어버리고는/ 천지에 모란은 자취도 없어지고/ 뻗쳐오르던 내 보람 서운케 무너졌느니 / 모란이 지고 말면 그 뿐, 내 한 해는 다 가고 말아/ 삼백 예순 날 하냥 섭섭해 우옵내다// 모란이 피기까지는/ 나는 아직 기다

리고 있을 테요 / 찬란한 슬픔의 봄을

— 김영랑의 시「모란이 피기까지는」

    1934년 『문학』 4월호에 실렸다는 이 시는 김영랑 시인(1903~1950)의 대표시이며 순수 서정시로 교과서에 게재되기도 했다. 5월을 유독 사랑한 시인은 5월을 소재로 「오월」, 「오월 아침」, 「오월 한」 등의 시를 발표했다. 봄과 여름의 경계에 피는 모란은 여러 가지 꽃 중에서 아름다움을 대표하는 상징적 의미로 이 시가 태동된 게 아닐까 싶다.

    시인은 "모란이 뚝뚝 떨어져 버린 날, 나는 비로소 봄을 여읜 설움에 잠길 테요"라고 노래한다. 꽃이 필 때보다 질 때 최상의 아름다움을 느낀다. 떨어진 꽃잎을 보며 봄을 상실한 슬픔을 느낀다는 시인의 말에 크게 공감한다.

    "떨어진 꽃잎마저 시들어버리고는 내 보람 서운케 무너졌느니, 삼백 예순 날 하냥 섭섭해 우옵내다"라며 시인은 모란이 다시 필 때까지 1년 내내 슬픔에 젖어 지낼 것이라고 절규한다. 하지만 "모란이 피기까지는 나는 기다리고 있을 테요"라며 서편제 가락이 농후한 구절은 반전의 묘미를 살리며 기다림과 희망을 안겨준다. 마지막 행의 역설적인 표현인 "찬란한 슬픔의 봄을"은 꽃피는 시간이 짧아서 더욱 안타깝도록 아름답게 느껴지는 이 시의 백미이며, 내가 가장 좋아하는 시구이다.

 지상의 모든 것들, 꽃이나 나무나 새나 인간도 영원히 존재하는 것은 없다. 한번 태어나면 반드시 죽게 마련이다. 꽃은 절정의 아름다움을 뽐내다가 한순간에 시들어져 뚝 떨어지고 만다. 인간사에서도 기쁨과 슬픔이 공존하기 마련이다. 김영랑 시인은 바로 이것을 주제로 삼은 듯하다.

 30여 년 전 5월 중순 경, 남편과 함께 3박 4일 일정으로 동해안 여행길에 올랐다. 관광버스엔 친목모임의 단체 손님이 대부분이었다. 첫날, 관광을 마치고 숙소를 배정받는데 가이드가 우리 부부를 민박집으로 안내했다. 아담한 시골집이지만 방은 정갈하고 아늑해서 고향집에 온 듯 푸근했다. 시끌시끌한 모텔보다는 민박집이 훨씬 편안하다면서 우린 밤늦도록 깊은 대화를 나눴다.

 그 이튿날, 일어나서 나와 보니 마당 한 가득 모란꽃이 환하게 웃고 있었다. 아침 햇살을 머금어 더욱 눈부신 꽃들을 보며 나도 모르게 "와아!" 하고 소리쳤다. 남편은 모란꽃밭에서 어린아이처럼 마냥 좋아하는 나를 향해 연신 카메라 셔터를 눌렀다.

 시간이 되어 관광차에 올라서는 순간, 차안의 관광객들이 일제히 박수를 치며 한 마디씩 했다. "어젯밤 신혼의 즐거움은 어떠셨나요?, 두 분만 민박에서 오붓하셨겠네요?"라며 짓궂게 놀려댔다. 그 순간, 남편은 소리를 버럭 지르며 화를 냈다. 차 안은 물을 끼얹은 듯 가라앉고 말았다. 오랜 공무원 생활로 경직된 사고 때문이었을까? 농담을 농담으로 받아들이지 못한 남편이 조금은 서운했던 기억이 난다.

봄은 간다. 우리도 늙는다. 꽃은 피었다 지며 생성과 소멸을 반복하지만 우리 인간은 가버린 봄을 다시 되찾을 수 없다.
모란은 지고 5월도 가고 있다. 젊은 날, 흐드러지게 피어있던 민박집의 모란꽃을 떠올려 보며 봄날의 뒤안길을 거닐어 보았다. 내년 5월엔 김영랑 시인의 강진 생가를 찾아가야겠다. 「모란이 피기까지는」을 음미하며 모란꽃을 실컷 보고 오리라.

아낌없이 주는 나무, 나의 어머니

　나무를 보면서 어머니를 생각한다. 읽고 또 읽어도 감동이 여전한 동화 『아낌없이 주는 나무』가 어머니의 모습을 꼭 닮아서일 것이다. 쉘돈 실버스타인이 어머니를 회상하며 쓴 동화 『아낌없이 주는 나무』에는 이런 이야기가 나온다.

　사과나무 한 그루가 있었다. 날마다 한 소년이 찾아왔다. 소년은 나무를 좋아하였고 나무도 소년을 좋아하였다. 세월이 흘러 소년은 돈이 필요하여 나무를 찾아와 의논하였다. 나무는 "내 가지에 달려 있는 사과를 따서 팔려무나." 했고, 소년은 사과를 팔아 돈을 마련하였다. 몇 년 후 소년은 거처할 집이 필요하여 나무에게로 다가가 근심스레 의논하였다. 나무가 소년에게 "나의 몸인 가지를 잘라 집을 지으면 되지." 하고 일러 주어 소년은 나뭇가지를 잘라 집을 지었고 나무도 행복했다. 세월이 다시 흘러 소년은 청년이 되었고 나무는 고목이 되었다. 청년은 바다 멀리 항해하고 싶었으나 배가 없어 다시 나무에게 가서 말했다. 나무는 "내 몸의 둥치를 잘라 배를 만들려무나" 하고 일러 주었다. 청년은 나무뿌리만 남기고 둥치로 배를 만들었다. 청년은 기뻤고 나무도 역시 행복하였다. 청년은 오랫동안 바다에서 풍랑과 싸우며 항해를 하다가 노인이 되어 고향으로 돌아왔다. 동리 밖 입구에서 등걸만 남은 나무를 보았다. 피곤에 지친 노인은 나무 등걸에 걸터앉아 오랜만에 편안하게 쉼을 누렸다. 그때도 나무는 행복하였다.

 이 이야기에서 나무는 어머니요, 소년은 자식이다. 모든 것을 자식에게 주고 또 주고, 결국은 뿌리만 남은 고목이 되었어도 자식이 기쁘다면 행복해지는 것이 어머니의 마음이 아닐까.
 9남매를 낳아 기르기를 정성으로 일관하셨던 어머니는 모두 잠든 새벽, 별빛을 보며 샘물을 길어다 정화수를 떠놓고 자식들의 장래를 빌곤 하셨다. 유난히 음식솜씨가 좋으셨던 어머니는 자식들에게 된장, 고추장, 간장을 해서 나누어주는 걸 큰 기쁨으로 아셨지만 직장 생활하는 나의 일손을 덜어 준다고 유독 마음을 더 쓰셨다. 밤을 새워 가며 먹거리를 챙겨주시던 어머니. 메주에 콩과 보리를 따로 띄워 만든 맛난 막장과 쌈장이며 여러 종류의 된장을 담아 주셨다. 어머니가 차려주는 식탁은 된장찌개와 상추쌈만으로도 얼마나 맛깔스럽고 풍요로웠던가. 가을철이 되면 무를 큼직큼직하게 썰어 쪽파를 곁들인 섞박지 김치는 또 얼마나 맛있었던가. 어머니 살아 계실 때 된장 만드는 비법을 전수받는다고 벼르다가 끝내 놓쳐 버린 일은 두고두고 아쉬움으로 남는다.

지금도 어머니가 매만지시던 빈 항아리를 보면 가슴이 찡해진다. 어머니의 두툼하고 주름진 손이 눈에 어린다. "얘야, 된장을 퍼낸 다음에는 이렇게 다독다독 잘 눌러 놓아야 하는 게야"라고 차근차근 일러주시던 음성도 들려오는 듯하다. 약과, 강정, 김치, 시래깃국 등 만드는 음식마다 모두 맛있는 명품이었다. 요술 손 같던 어머니의 손, 유난히 어머니의 손맛이 그리워지는 저녁엔 어머니 흉내를 내어 보글보글 강된장을 끓이고 호박잎쌈을 준비하곤 한다.

어머니는 여섯째인 나를 끔찍이 아끼고 사랑해 주셨다. 어렸을 때부터 내 손을 꼭 잡아 주시며 "너는 영리하니까 공부 많이 해서 큰 사람 되어야 한다"라고 일러주시곤 했다. 아버지의 사업 실패로 고등학교 입학금이 없어서 몇 번의 등록기한을 넘겼을 때 어머니는 몸져누운 나를 보다 못해 어디론가 나가셔서 어렵게 등록금을 마련해 오셨다. "얘야, 어서 가서 등록해라"하며 등

록금을 전해 주시던 땀이 촉촉이 배어 있던 어머니의 작은 손을 잊을 수가 없다.

술을 좋아하시던 아버지가 끝내 간경화로 일찍 돌아가신 뒤 9남매의 생활비며, 학비를 조달하느라 그 작은 손이 거북이 등처럼 갈라지도록 온갖 고생을 다 하셨다.

딸 일곱에 아들 둘을 훌륭히 키우셨으니 노년을 편안하게 지내셔야 했는데 올케와 뜻이 맞지 않아 구순까지 홀로 사셨던 어머니, 우리 집에 오시는 걸 그토록 좋아하셨건만 중환 때문에 제대로 살뜰하게 모시지 못한 게 끝내 마음 아프다. 마지막으로 뵈러 갔을 때 아파트 벤치에 등을 동그랗게 굽히고 쓸쓸하게 앉아 계셨던 어머니는 "너네 집에 가면 안 되겠니?" 하셨다. 슬픈 눈으로 애원하듯 말씀하시던 모습을 뒤로 하고 돌아서야 했던 일이 지금도 너무나 가슴 아프다.

어머니는 9남매에게 아낌없이 주는 나무이셨다. 자식들에게 주고 또 주어 뿌리만 남은 고목이 되었어도 우리가 기쁘다면 행복해하셨던 어머니. 가지가 잘릴 때마다 아픔이 얼마나 컸을까. 잎, 열매, 가지들이 하나씩 없어질 때 쓸쓸함이 오죽하였으랴. 그래도 우리가 좋아한다면 끝내 감내하셨던 어머니. 올해로 벌써 어머니 떠나신 지 31년이다.

출간한 수필집을 들고 어머니 묘소에 찾아가 고백해야겠다. "당신은 가슴팍의 옹이까지도 예작藝作으로 빚어준 아낌없이 주는 한 그루의 나무였습니다. 어머니, 사랑해요. 그리고 죄송해요."라고.

내 삶의 쉼표

　잡다한 일상의 끈을 놓고 여행이라도 떠나고 싶던 차에 미국에 머물고 있는 딸의 초청을 받고 짐을 꾸렸다. 2012년 4월 9일, 시카고 행 비행기에 올랐다. 남편의 밥걱정, 집안일, 강의 등 내 어깨에 지워진 짐들을 잠시 내려놓기로 했다. 인천 공항에서 노스캐롤라이나까지 꼬박 하루가 걸렸다. 시카코 오헤어 공항에서 국내선 유나이티드항공으로 갈아타는 과정이 꽤나 복잡하여 서툰 영어로 항공 표를 내밀며 도움을 청하여 간신히 그곳까지 찾아갔다. 비행기가 3시간이나 연발하는 바람에 엉뚱한 게이트에 서 있다가 비행기를 놓칠 뻔했던 아찔한 순간을 겪은 뒤 랄리 더햄 공항에 무사히 도착했다.

　마중 나온 딸과 사위, 손녀를 보니 반가움에 눈물이 왈칵 쏟아졌다. 어둠이 깔린 시가지를 자동차로 1시간여 달려 딸네 집에 도착했다. 편안한 주택단지에 자리한 집은 어둠 속에서도 아름다워 보였다. 한 달 동안 머물 크고 아늑한 방이 내 집처럼 편안하게 느껴졌다. 예쁘게 개켜놓은 잠옷이며 편한 운동화를 마련해 놓은 딸의 세심함에 가슴이 촉촉이 젖어왔다.

 2011년 8월초, 사위가 듀크대 의대 연구 교수로 파견되면서 그곳에 머문 게 7개월째가 되었다. 아침 일곱 시에 딸과 사위는 손녀를 학교에 데려다 준 다음, 성당에 가서 미사에 참여하고 사위는 학교로, 딸은 집으로 귀가한다. 딸과 함께 오붓한 시간을 가진 게 얼마만인가. 국내에 있을 때는 딸이 함께 식사하자 해도 강의가야 한다고, 모임이 있다고, 운동해야 한다고 미루면서 한 번도 흡족하게 해주지 못했으니 얼마나 서운함이 컸을까. 딸과 함께 많은 이야기를 나누면서 서로의 마음을 이해하고 소통하는 시간이 참 좋았다.

 아침나절이면 한 시간씩 정원 산책을 했다. 정원에는 자연을 그대로 살려 20미터쯤 되는 아름드리나무 이십여 그루가 쭉쭉 뻗어 있다. 삼월 초순인데도 나뭇가지엔 새순이 돋아서 이파리들이 고기비늘처럼 햇살에 반짝인다. 나뭇가지를 오르내리며 무언가를 따먹는 청솔모며 가끔 마당에 와서 풀을 뜯어 먹고 가는 토끼, 어쩌다 나타나는 사슴을 보는 일도 큰 기쁨이다. 흙냄새를 맡으며 나무 둥치에 기대어 심호흡을 한다. 데이빗 소로우가 월든 호숫가에 집을 짓고 2년 2개월 동안 자연과 더불어 살았다는 모습을 그려보며 잠시나마 평화롭고 달콤한 행복감에 젖는다.

 돌아보니 정년퇴임한 지 올해로 10년째다. 평생을 앞만 보며 숨 가쁘게 달려왔기에 퇴직 후엔 하고 싶은 일들을 하고 책을 읽고 글을 쓰며 자유롭게 살리라고 다짐했다. 하지만 주위에선 나를 가만히 내버려두지 않았고 거절하지 못하는 성격 탓으로 여러 단체의 책임을 맡아 더 바쁘게 지냈다.

 한 가지 일이 끝나면 또 다른 일이 기다리고 있었다. 일주일에 두 번씩 하는 센터 강의도 만만치 않은데다 직장생활로 도우미의 손을 빌려 꾸려왔던 가사부담은 고스란히 내 몫이 되고 말았다. 남편 병간호에, 장성한 아들 뒷바라지며 늘그막에 일복이 터졌는지 지방에 거주하는 막내아들까지 서울파견으로 뒤치다꺼리를 내가 감당해야 했다. 과부하가 걸린 것이다. 날이 갈수록 지쳐서 에너지가 바닥까지 소진되어 휴식이 필요했기에 단독여행을 감행했다. 남편은 건강상 이유로 장거리 여행이 어렵다고 사양했다.

 딸은 1년 전의 강건한 엄마 모습을 찾아보기 힘들다며 육신이 지치면 영혼도 고갈되니 여기 머무는 동안 피정避靜왔다 생각하고 푹 쉬라고 했다. 그런데도 딸 내외가 외출하고 나면 깍두기를 담그고 사위가 좋아하는 매운탕을 끓이고, 손녀가 좋아하는 갈비찜을 만들곤 했다. 딸은 내 일하는 모습을 보면서 엄마는 쉴 줄도 모르는 일중독이라고 속상해했다.

"그래 맞아, 몇 십 년 동안 몸에 밴 일중독이 어디로 가겠니? 이게 내 실체인 걸 어쩌겠니."라고 대꾸했다. 그래도 손녀가 갈비찜을 먹으며, "역시 할머니가 만든 갈비찜이 최고야"라면서 엄지손을 치켜들 땐 힘이 솟았다.

딸 내외가 주변 관광을 권했지만 워싱턴에 다녀오는 일정 외에는 풍광 좋은 집에서 조용하게 지내기로 했다. 기도로 시작하는 아침, 책을 읽고 딸과 담소하며 지내다 보니 하루하루가 꿈결같이 지나갔다. 딸은 "엄마 자신에게 가장 소중한 것이 무엇인지, 하루 중 어느 특정 시간을 내어 깊이 묵상하며 자신의 온 존재와 만나는 시간을 꼭 만들어 보면 좋겠어요"라며 간곡하게 권했다. 영성이 깊은 딸은 아직도 현실 생활에 깊숙이 발 담그고 분주하게 사는 나의 모습이 많이 안타까웠나 보다.

딸의 말에 공감하면서 타성에 젖어있는 내 삶의 모습을 깊이 들여다보았다. 그동안 바쁜 일상에 밀려 둥둥 떠가지 않았던가. 정작 소중한 것들을 외면하고 살아온 날들, 아직도 성취 지향적으로 앞만 보며 달리는 삶, 늘 무언가에 열중하지 않으면 못 견디는 습성 때문에 내 영혼과 육신은 지칠 대로 지친 게 아닐까. 이제부터라도 가지치기가 절실하게 필요한 시점이다. 삶의 우선

순위를 정해서 가지치기를 하리라. 내 삶에서 소중한 게 무엇인지 나의 내면을 깊이 응시하고 문제점을 회피하지 말고 직시하며 대응하는 자세를 기를 일이다.

미국을 떠나기 전날 저녁에는 바비큐 송별 파티를 해주었다. 사위는 고기며 옥수수, 감자 등을 숯불에 알맞게 익혀 주었다. 별빛이 쏟아지는 정원에서 음악을 들으며 한 달 동안 함께 지냈던 일들을 허심탄회하게 나누었다. 손녀 나연이는 미국의 학교생활이 무척 행복해서 더 머물고 싶다고 말했다. 이곳 친구들의 배려와 존중 속에 적응을 빨리했으며 선생님의 특별지도로 영어도 습득이 잘 되어 리포트며 일기도 척척 쓴다고 했다. 그리고 아빠처럼 의사가 되는 게 꿈이라고 했다. 사위는 성취지향적인 어머님과 욕심이 없는 나연 엄마의 성향을 반반 나누면 좋겠다고 했다. 딸은 자신의 꿈이 작가가 되는 일이라고 생각해왔는데 철학이나 신학이 맞는 것 같다고, 언젠가는 그 꿈을 이루고 싶다고 했다. 참 아름다운 밤이었다.

언제 모든 걸 내려놓고 푹 쉰 일이 있었던가?

딸네 집에서 머물렀던 한 달 동안은 참으로 편안하고 행복한 날들이었다. 나를 위해 틈틈이 레이크 윈즈라는 호숫가로 안내해 최선을 다하던 사위, 스마트 폰에 신부님의 강론을 녹음해준 사위가 정말 고맙다.

  짧다면 짧고 길다면 긴 휴식을 통해 나 자신과 깊이 만났던 시간들, 딸의 조언과 기도는 내 마른 영혼에 단비처럼 스며든다. 요즘 잡다한 일상의 가지치기를 시작하면서 책 읽기에 푹 빠져 있다.

험한 세상 다리가 되어

동생이 떠나던 날은 흰 눈이 펄펄 날렸다. 그의 지난한 삶을 하늘도 슬퍼했는지 온종일 눈이 내렸다. 아내가 집 나간 뒤, 10여 년 동안 홀로 지독한 병고에 시달렸던 동생, 여러 번의 수술로 인해 간 이식조차 어려웠기에 통증이 일어나면 응급실로 달려가 임시방편으로 진통제를 맞으며 고통의 시간을 보냈다.

동생은 임종 직전에 "누나, 그동안 나 때문에 고생 많았어. 우리 아이들 잘 헤쳐 나갈 테니 조금도 걱정하지 마."라고 했다. 하지만 미국에 사는 막내 여동생이 왔을 때 눈물을 흘리며 우리 애들 좀 보살펴달라고 간곡히 부탁했다. 그동안 내게 부담을 주었던 것에 대한 미안함 때문이라는 걸 짐작할 수 있었다.

동생이 한 줌 재가 되어 납골당에 안치되던 날, 나는 동생과 약속했다. 두 조카가 험한 세상 살아가는 동안 기꺼이 다리가 되어 주겠노라고. 큰 조카는 군에서 막 제대를 했고, 둘째는 고등학교를 졸업한 무렵이었다. 동생이 떠난 뒤 남은 건 아무것도 없었다.

두 조카는 얼마나 막막했을까. 황량한 벌판에 오도카니 남겨진 심경이었으리라. 마침 군에서 전역한 큰 조카가 출신지역인 대전에서 취업해 동생을 보살피며 살겠다 했다. 둘째 조카 환이는 집에서 출퇴근하는 상근 군인이 되었다. 어렵게 집을 마련해 주었고, 생활비는 큰 조카가 맡기로 했다.

6월 어느 날인가, 대전의 조카들 집을 방문했다. 날씨가 꽤 더운 날이었는데, 도마에 김치며 소시지 등 썰다만 음식들이 그대로 널브러져 있었다. 환이가 급하게 도시락을 싸고 나간 흔적이어서 식중독이라도 걸리면 어쩌나 무척 걱정이 됐다. 서울에 돌아오자마자 조그마한 냉장고를 하나 사서 배송시켰다.

어느 날, 작은 조카에게서 전화가 왔다. 형이 짐 싸들고 어딘가로 나가버렸다는 것이다. 내가 사 준 냉장고까지 들고서. 그 무렵 큰 조카가 모델 이벤트사에서 일한다고 했는데, 그 말을 듣는 순간, 참 야속한 생각이 들었다. '동생이 제대할 때까지만이라도 좀 보살펴주지'. 그로부터 둘째 조카가 군 복무를 마칠 때까지 나는 생활비는 물론 밑반찬 등을 들고 대전까지 내려가곤 했었다.

군 생활을 마친 환이는 취업을 했고 스스로 잘 꾸려나갔다. 동생 기일엔 작은 조카와 납골당을 찾으면서 조카의 미래와 삶을 살아가는 지혜에 대한 이야기 등을 나누곤 했다. 혹여 용돈이라도 주려하면 "고모, 괜찮아요. 저도 돈 벌잖아요."하면서 극구 사양했다.

난 조카들을 위해서 늘 기도했다. '두 조카들을 세상 모든 위험에서 보호해주시고 자신에게 맞는 일을 찾게 하시고 마음에 맞는 규수를 맞아 오붓한 가정을 이루게 해주십시오.'라고. 동생의 간절한 염원과 나의 기도가 통한 것일까? 조카들은 반듯하게 성장했고 스스로 잘 헤쳐 나갔다. 큰 조카 원이는 마음을 잡고 전공을 살려서 회사에 잘 다니고 있으며 그토록 소망하던 대학도 졸업했다. 작은 조카는 취업하여 열심히 살고 있다.

동생이 떠난 지 올해로 17년째, 둘째 환이가 결혼을 한단다. 내 며느리를 맞는 것처럼 설렘과 기쁨이 밀려왔다. 조카와 규수를 분위기 좋은 곳에 초대하여 맛있는 음식을 사주고 선물도 사줬다. 두 사람은 회사에 근무하면서 만나게 되었고 2년 전부터 함께 힘을 모아서 결혼 준비와 집장만도 차근차근 준비해 왔다고 한다. 참으로 기특하고 흐뭇했다. 규수가 얼마나 예쁘고 현명한지 뭐든지 아낌없이 해주고 싶었다.

2017년 11월 26일, 조카의 결혼식 날, 큰 키에 늠름하고 잘생긴 조카는 연신 웃으면서 행복한 모습이었다. 나는 두 사람이 오래도록 행복하기를 기원하면서 축시를 낭독해줬다.

이제 두 사람은 비를 맞지 않으리라
서로가 서로에게 지붕이 되어 줄 테니까

이제 두 사람은 춥지 않으리라
서로에게 따뜻함이 될 테니까

이제 두 사람은 더 이상 외롭지 않으리라
서로의 동행이 될 테니까

이제 두 사람은 두개의 몸이지만 두 사람 앞에는
오직 하나의 인생만이 있으리라

이제 그대들의 집으로 들어가라
함께 있을 날들 속으로 들어가라.

이 대지위에서 그대들은 오랫동안 행복하리라.
— 「인디언의 결혼 축시」 중에서

축시를 낭독한 뒤 손가락으로 하트를 그리며 한 마디 덧붙였다. "두 사람 결혼 축하하며 사랑해요. 하늘만큼 땅만큼."이라고. 신랑 신부가 환하게 웃었다.

흩날리는 꽃잎처럼

한줄기 바람이 불자, 하얀 벚꽃 잎이 호르륵 떨어진다. 홀연히 떠나버린 밍크의 모습 같아서 울컥 슬픔이 솟구친다. 얼마 전까지만 해도 저 나무 밑을 폴짝폴짝 뛰어다니곤 했는데 그 애의 부재를 도무지 인정할 수가 없다. 밍크가 떠난 지 두 달이 넘었는데도 깔고 자던 방석이며 용품들을 치울 수가 없다. 그토록 즐겨 먹던 발효 콩 애견 밥도 반이나 남아 있는데 훌쩍 떠나다니 가슴에 가시가 꽂힌 듯 아려온다.

밍크는 1996년 3월, 태어난 지 3개월 만에 어미젖을 떼고 우리 집에 왔다. 2킬로그램의 작은 몸매에 똥그란 눈, 하얀 털이 융단처럼 보드라워서 만나자마자 밍크라는 이름을 붙여줬다. 말티즈종인 밍크는 온 집안을 콩콩 뛰어다니며 재롱둥이 노릇을 했다. 양쪽 귀에 예쁜 리본을 매고 나가면 동네 아이들은 백만

불짜리 눈이라며 부러워했고 잔디밭을 토끼처럼 뛰어다니며 놀기도 했다.

말티즈는 기원전 1,500년경 고대 무역의 중심지인 몰타섬에서 태어난 애완견으로 그곳 사람들은 말티즈를 특별히 귀하게 여겼으며 프랑스에서는 15세기경부터 귀부인들의 사랑을 받아왔다. 영국의 빅토리아 여왕도 몰타섬에서 이 견종을 가져와 길렀다. 우리나라에는 1980년대 말에야 보급되기 시작해서 다른 견종에 비해 큰 인기를 누리고 있다. 말티즈는 지적이고 쾌활하며 애정이 많고 충실하며 튼튼한 게 특징이다. 몸무게는 대부분 3.2킬로그램 이하이며 활발하고 놀기를 좋아하고 잘 짖는다. 귀엽다고 응석을 받아주면 버릇없는 개가 되기 쉬우니 어릴 때부터 좋고 나쁜 것을 구별하도록 길들이는 게 중요하다고 수의사는 귀띔해 줬다.

밍크와 함께 지내면서 어렸을 적 습관을 제대로 길러주지 못한 게 실수였다. 거기다 세살 때 새끼를 갖게 되었는데 마침 딸애가 산후조리차 우리 집에 얼마 동안 와 있었다. 아기와 강아지를 함께 키울 수 없어서 지인의 집에 몇 달 동안 맡겼는데 여러 마리 강아지들이 있던 그 집에서 스트레스를 어지간히 많이 받았는지 돌아온 다음부터 더 사나워졌다. 나 이외에는 아무도 강아지를 만질 수도 없거니와 손님이 오면 갈 때까지 짖어댔다.

하지만 내겐 충실한 딸 노릇을 한 밍크이다. 내가 자신의 엄마라도 되는 듯 나를 졸졸 따라다녔다. 화장실에 들어가면 나올 때까지 두 발을 얌전히 모으고 앉아서 기다렸고 외출하고 돌아오면 현관 매트에 앉아 있다가 두 발을 들고 발레를 하며 반겼다. 내가 혹 우울해 있을 팬 용케 알아채고 귀여운 짓을 했고, 글을 쓰느라고 밤늦게까지 거실에 있을 때는 책상 밑에서 기다리는 충실한 동반자였다. 베란다로 가면 그 곳으로 졸졸 따라다니던 그 애, 어느 자식이 이토록 한결같이 따를까. 내 분신이나 다름없는 한 가족이었다. 밍크가 아프면 내 아이들이 아플 때처럼 가슴 졸이며 병원으로 데리고 가서 치료해주곤 했다.

밍크는 새끼를 난 후 오른쪽 유선에 종양이 생겨 수술을 했다. 수술하고 온 다음 날도 금방 뛰어다닐 정도로 건강했는데 몇 년 전부터 배 왼쪽에 다시 종양이 생기더니 점점 커졌다. 지난 2월, 딸의 수술을 마치고 내 수필집을 출간한 후에 밍크를 치료해 줘야겠다고 작정했는데…. 출판기념회까지 연다고 분주히 돌아다니느라 아픈 것조차 눈치 채질 못했으니 나의 무심함을 얼마나 원망했을지, 세심하게 살피지 못한 자책에 가슴이 미어진다.

장 그르니에는 사랑하는 개 타이오가 병으로 고통 받자 안락사 시킨 다음 90편의 단상을 모아 『어느 개의 죽음』을 썼다. 존재는 죽음을 통해서 소멸하지만 그 흔적, 그림자밖에 드러내지 못한다면서 "녀석의 삶을 정리해보고 싶어서" 글을 쓴다고 했다. 글에 드러나는 개에 대한 찬양은 타이오에 대한 것이라기보다는 개 혹은 동물 전반에 대한 것에 가깝다. "개들은 우리와 똑같다"라는 서술은 개를 격상하지도 격하하지도 않으면서 살아있는 실존으로서 인간과 같은 지위에 놓을 뿐이다. 그는 "녀석과 같은 동물도 기다림 속에서, 즉 번민 속에서 살지 않았을까?"라는 질문을 계속 던진다.

하긴 우리 밍크도 습관은 잘못 들었지만 지능은 꽤 높지 않았나 싶다. 한참 만에 온 며느리와 손녀를 보고 반가워한다든지 몇 년 만에 외국에서 온 여동생을 낯설어하지 않고 반기는 걸 보면 참 기특했다. 밍크는 내가 나갈 때는 잘 다녀오라는 듯 꼬리만 흔들다가도 다른 식구들이 나갈 때는 컹컹 짖곤 했는데 그건 나에게 보고하기 위한 것이었으리라. 축구중계를 보고 있노라면 무섭다고 방으로 도망치거나 책상 밑에 숨곤 했는데 손님이 왔을 때 짖는 건 겁이 많아서 방어하느라 그랬을지도 모른다.

2009년 3월 28일, 친척조카 결혼식에 참석하고 저녁 7시쯤 집에 돌아왔는데 현관에서 반갑게 맞아주던 밍크가 보이지 않았다. "밍크야, 밍크야" 부르며 거실의 컴퓨터 책상 아래며 내 방을 둘러보아도 찾을 수 없었다. 불현듯 이상한 생각이 들어 안방 문을 열어보니 남편의 컴퓨터 책상 아래 힘없이 누워있었다. 몸이 많이 아픈가 보구나 싶어 바로 동물병원으로 데리고 갔다. 수의사는 진찰해보더니 상태가 안 좋으니 우선 엑스레이를 찍어보자 했다. 그러나 잠시 후 툭 쓰러지며 괴로운 소리를 내더니 30분 만에 숨을 거두고 말았다. 그 똥그란 눈을 그대로 뜬 채.

"밍크야, 미안하다. 너무 바빠서 아픈 걸 눈치도 못 채고."

미안한 일은 그뿐이 아니다. 바쁘다고 산책도 잘 못 시키고 먹을 것을 달라고 조르면 고기며 햄이며 분별없이 준 일도 미안하고 또 미안했다. 나의 바쁜 일들이 다 끝나기를 기다려 저 세상으로 간 밍크. 떠나는 시간까지도 나를 배려한 그 애의 효심을 생각하며 울고 또 울었다.

다음 날 밍크의 시신을 담은 관을 차에 태우고 김포에 있는 애견장례업체로 갔다. 그 곳에는 강아지 납골당도 마련되어 있었다. 천주교식 분향실에서 마지막 기도를 올려준 다음 밍크는 화장장으로 옮겨졌다. 화장하기 전 밍크의 모습은 아기강아지 때처럼 곱고 깨끗했다. 한줌 재로 남은 분골을 작은 도자기함에 담아가지고 왔다. 그 곳 사장은 "병들어 고통 받는 강아지들의 50퍼센트는 안락사 시키는데 밍크는 나이 들어 편안히 갔으니 마음 아파하지 말라"고 위로해 주었지만 최선을 다하지 못했다는 자책감과 혼자서 아픔을 감당했을 외로운 시간들이 영 마음 아팠다. 흩날리는 꽃잎처럼 홀연히 떠나버린 그 애의 기억들을 언제쯤이나 떨쳐버릴 수 있을지.

그 무렵 장 그르니에의 『어느 개의 죽음』을 만난 건 큰 행운이었으며 많은 위안을 받았다. 「마지막 단상」에서 술회한 '우리는 외로우므로 사랑하자'는 내용을 음미해 본다.

우리를 사랑하는, 또는 사랑할 마음을 지닌 대상을 사랑하자. 보잘 것 없는 설득력을 이용하려 들지 말고 우리가 보다 나은 존재라고 믿지도 말자. 우리에게 베풀어지는 놀라운 은총을 기꺼이 받아들이자는 것이다. 우리들을 고립시키는 커튼을 걷고 누군가 우리에게 손을 뻗는다. 서둘러 그 손을 붙잡고 입을 맞추자. 만일 그 손을 거두어들인다면 당신의 수중에는 아무것도 남지 않을 테니까. 오직 사랑이란 행위를 통해서만 당신 자신을 얻을 수 있을 테니까.

벼랑 끝에서 만난 『하늘등대』

『하늘등대』는 남편이 병상에서 쓴 산문집 제목이다.

유년시절, 저녁 어스름에 고향집 마루에 앉아 삼방산을 바라보면 빨간 불이 켜지곤 했는데 그걸 보면서 비행사가 되는 꿈을 키웠단다. 어린 마음에 비행기를 몰고 가다가 마을에 편지를 떨어뜨리기도 하고 하늘 높이 날면서 세상 구경을 하리란 꿈을 꾸었다고 했다. 조종사가 될 수 없었던 그이는 공군에 입대하게 되었으며, 산문집 제목을 고민할 때 주저 없이 하늘등대로 하겠노라 했다.

건강한 체질의 남편은 몇 년 전부터 신부전증으로 고생하더니 2015년 6월부터 신장혈액투석을 하게 되었다. 주 3회씩 병원에 가서 하루에 너, 댓 시간씩 꼬박 침대에 누워 투석을 하는 일은 보통 고역이 아닐 수 없었다. 거기에 신부전증 환자들은 잡곡

밥이나 칼륨이 들어있는 식품을 제한해야 하기 때문에 식이요법 또한 지켜야할 게 너무 많다. 과일도 사과나 복숭아 정도만 섭취해야 한다.

6개월 정도는 투석을 받으면서 점차 호전되는 듯했으나 체중이 급격히 줄고 어깨, 다리 등 통증이 심하다고 호소했다. 정형외과에서는 어깨 인대파열인데 나이가 많아 수술이 어려워 진통제 처방과 더불어 통증주사를 주기도 했다. 밤이면 잠을 못 이루고 아픈 부위를 주물러 달라고 했다.

그러던 어느 날, 투석 병원의 주치의가 면담을 요청했다. 혈액검사 결과 수치가 너무 높게 나온 데다 여러 부위의 통증이 심한 증상으로 보아 혹시 암세포가 뼈까지 전이된 게 아닌지 염려되니 큰 병원에 가서 정밀검사를 받아보라고 했다.

건장하던 체격이 몇 개월 사이에 마른 삭정이처럼 야위어, 걷는 것도 자리에서 일어나는 것도 도와줘야 가능했던 일들이 그 고약한 암세포 때문이었다고 생각하니 뒤통수를 한 대 얻어맞은 듯 멍해졌다. 그동안 진료를 해준 병원에선 무얼 했는지, S대 출신 교수들을 믿고 치료받았는데 전혀 통합치료를 하지 않은 결과가 아닌가? 화가 나고 원망스러웠다.

그동안 딸이 암 전문 박사인 사위가 근무하는 병원에서 진료를 받자고 여러 번 권했는데도 거리가 조금 멀다는 이유로 사양했던 일이 후회가 됐다. 지체 없이 가톨릭 국제성모병원에 입원해서 정밀검사를 받기로 했다. 혈액, 초음파, CT 검사와 뼈 스캔 등 신속하게 진행되었다. 검사 결과는 전립선 암 말기로 온몸의 뼈에 암세포가 퍼진 상태라고 했다.

담당교수는 전립선암은 약을 복용하면 예후가 좋으니 열심히 치료해보자고 위로와 격려를 해주었지만 우리 모두는 침통할 수밖에 없었다. 시한의 삶 앞에서 남편은 자꾸 눈물을 흘렸다. 나에게 미안하고 고맙다는 말을 자주하면서 "그동안 병원에 헛돈 쓰고 다녔구먼." 했다.

퇴원하던 날, 사위가 주선하여 신부님께 고해성사와 병자성사를 받기로 했다. 반포성당에서 영세와 견진을 받았지만 승진으로 인해 객지생활을 하면서 몇 십 년 동안 냉담생활을 한 남편이었다. 남편이 신앙을 회복할 수 있게 해 달라고 딸과 나는 성심껏 기도를 드렸고, 딸은 아버지를 위한 생미사를 자주 드렸다. 얼마 전엔 젬마 동생이 방문해 환자에게 2시간 동안이나 말씀을 전하고 기도를 해주었다. 우리의 기도가 통한 것일까. 그토록 절벽 같던 그이가 순한 양처럼 병자성사를 받게 되다니… 남편은 그동안 너무 멀리 떠나있던 죄인을 용서해달라며 많이 울었다.

집에 돌아오는 길에 남편은 "나도 글을 쓰고 싶었는데…"라고 힘없이 말했다. 그 말을 듣는 순간 가슴이 쿵 내려앉았다. 그동안 문학회 회장을 하면서, 또 글쓰기 강좌를 하면서 많은 이들이 등단하도록 안내하고 책 출간하는 일도 도왔는데 정작 가장 가까이 있는 남편의 속내를 알아채지 못했다니 어리석은 자신을 자책하며 가슴을 쳤다.

　퇴원해서 집에 돌아오자마자 가족 홈페이지에 들어가서 남편의 글들을 클릭했다. 그동안 써 놓은 글들이 40여 편 저장되어 있었다. 한 편 한 편 꼼꼼히 읽어보고 수정해 남편에게 보여주고 재수정하는 작업을 했다. 처음엔 남편이 책 출간하는 것을 반대했으나 가족들에게 남기기로 하고 가까스로 허락을 얻었다. 남편은 아픈 와중에도 자신이 쓴 글을 읽고 고치면서 활기를 되찾는 듯했다. 나 또한 그동안 남편이 걸어온 삶의 궤적을 따라 울고 웃으며 즐겁게 작업을 했다.

　그이가 그토록 타인을 믿지 못하고 지나친 내핍생활을 했던 이유를 「나의 아버지」란 글을 통해서 이해할 수 있었다. 아버지의 연이은 사업실패의 원인이 지인들의 사기로 빚어졌고, 고향의 전답을 팔은 돈을 몽땅 쏟아 부은 논 매입 또한 속아서 샀기에, 고통당하는 가족들의 모습을 보면서 체득한 나름의 방어기제였다는 것을.

부이사관 승진을 하여 고향 제주에 부임하면서 쓴 수필 「내 고향은 나의 고향이 아니었다」는 유년 시절 간직하고 있던 고향의 아름다운 체취는 간 곳 없이 너무 변해버린 제주에 대한 비판을 가감 없이 쓴 글로 몇 번을 읽어봐도 감동이었다. 이 글을 읽은 손녀는 교과서에 실려도 손색이 없겠다고 했다.

 평소에 연필을 즐겨 쓰는 그이는 「연필예찬」에서 연필이 볼펜이나 만년필보다 수정하기도 간편하고 훨씬 쓰기가 편하다고 했다. 그 글은 수필의 진수를 보여주는 것처럼 어디 하나 버릴 문장이 없었다. 그런가하면 「1.4후퇴 때 만난 그 여인」, 「라스베이거스에서의 추억」 등은 콩트의 묘미를 살린 재미난 글들이었다.

 얼마나 외로웠으면 혼자서 인천 연안부두에 가서 바닷바람을 맞으며 「훌쩍 떠나보자」란 글을 썼을까. 내가 바쁘게 바깥 활동을 하는 동안 여행을 즐기는 남편 혼자서 휘이휘이 돌아다녔던 생각을 하니 마음이 저려왔다. 남편의 글을 정리하는 일은 그동안 불목했던 시간들과 진정으로 화해하면서 그의 속 깊은 마음을 이해하는 소중한 선물이었다.

 원고는 수필 30편, 시 5편으로 아담한 책으로 묶여질 듯 했다. 평소 가까이 지내는 출판사 사장님께 원고를 보내면서 남편의 병세가 위중하니 되도록 빠른 시일 안에 책을 묶어 달라 당부했다.

원고를 받아 본 L 사장님은 "글이 일반 작가들의 닳고 닳은 글보다 현장감이 있으며, 재미난 일화도 많고 수식이나 가식이 없어서 어쩜 이러실까 싶을 정도로 순수하며, 진작 글을 함께 쓰셨더라면 좋았을 걸 싶습니다"라는 소감을 메일로 보내왔다.

몇 차례의 교정을 거친 뒤 2016년 6월 25일, 남편의 산문집 『하늘등대』가 출간되었다.

우리 가족은 조촐하게 작은 출판기념회를 열었다. 장남이 사회를 보고 아들, 딸, 사위는 아버지의 글 중 좋아하는 작품 한 편씩을 낭독했다. 남편은 벼랑 끝에서 신앙을 회복하고 하늘등대를 만난 일은 큰 축복이며 감사한 일이라고 아내와 아들, 딸 사위에게 고마운 마음 전한다고 눈시울을 적셨다.

책을 받아본 넷째 언니는 받자마자 단숨에 읽었으며 건강하던 제부를 떠올리며 많이 울었다고 했고, 손녀도 할아버지 글이 너무 재미있어서 하룻밤 사이에 다 읽었다고 했다.

남편은 아침, 저녁으로 나에게 기도해 달라며 자주 『하늘등대』를 펼쳐보며 미소 짓곤 한다.

큰 꿈꾸는 별, 나의 손녀

겨울에 태어난 아름다운 당신은/ 눈처럼 깨끗한 나만의 당신/ 겨울에 태어난 사랑스런 당신은/ 눈처럼 맑은 나만의 당신/ 하지만 봄 여름과 가을 겨울/ 언제나 맑고 깨끗해/ 생일 축하합니다/ 생일 축하합니다/ 당신의 생일을

새해가 시작된 지 얼마 지나지 않은 1월 9일, 간절한 기도와 축복 속에서 태어난 손녀, 밝고 영특하게 성장하라는 뜻을 지닌 이름, 나연那姸은 남편이 지어주었다. 사랑스런 나연이는 어디서 왔을까. 바람결에 실려 왔나. 하늘의 별에서 왔나. 이름처럼 밝게 잘 자랐다.

딸은 손녀에게 조기 공부 교육보다는 미술로 생각하기, 피아노, 바이올린, 과학실험 등 창의적이고 스스로 생각을 키워나갈 수 있는 교육에 치중했다. 손녀는 즐겁게 따랐고, 절대음감이 있

다는 찬사도 많이 들었다. 초등학교 2학년에 올라가면서 사립초등학교에 전학한 나연이는 다행히 잘 적응했다.

나연이 2학년 때이던가, 그 사립학교에선 한 학기에 두 번씩 국어, 수학 학력 교사를 본다 했다. 동립학교에서 그리로 전학 간 손녀는 꽤나 긴장했는지 교사였던 나에게 지원 요청을 하여 몇 달 동안 특별지도를 했다. 수학 몇 단원을 며칠 동안 총복습하는데 밤늦게까지 졸음을 쫓으며 열심히 문제를 푸는 모습을 보며 나의 어린 시절을 참 많이 닮았다는 생각을 했다.

우수한 성적을 받은 손녀는 정성스럽게 쓴 편지를 나에게 전해 주었다.

"할머니, 공부를 가르쳐 주셔서 정말 감사합니다. 할머니와 같이 공부를 해야 더 재미있어요. 공부를 가르쳐 주는 것 쉽지 않지만 할머니와 공부하는 것은 좋아요."

6개월간 국어와 수학의 기초를 단단히 다져주느라고 애를 썼지만 그 아이와 함께 한 소중한 시간이었다.

나연이와의 추억은 참 많다.

가장 기억에 남는 일은 2002년 9월, 딸, 사위와 함께 나연이 불과 세 살이었을 때 체코의 프라하에 2주 동안 여행했던 일이다. 먼 길 갈 때는 나연이는 유아차를 타고 다니면서도 힘든 내

색 없이 초롱초롱한 눈으로 낯선 풍경들을 열심히 보면서 즐거워했다. 프라하 시계탑은 정시마다 12사도들이 한명씩 나오는데 나연이가 그 광경을 어찌나 좋아하는지 볼 때마다 손뼉을 치며 꺄르륵 꺄르륵 웃곤 했다. 매번 처음 보는 듯이 좋아하는 그 모습이 귀여워 어른 세 명은 먹던 점심도 서둘러 마치고 시계탑 앞으로 달려갔다. 그런 아가 나연이가 한 해 한 해 자라서 내 생일 때마다 고사리 손으로 "생일 축하해요, 사랑해요. 나연이가"라고 카드를 써서 주곤 했다. 삐뚤빼둘 그린 나연이의 축하글씨는 매해 점점 의젓해 갔다.

중학교 2학년 때 사위가 미국 듀크대에 1년 간 교환교수로 가게 되어 따라간 나연이는 외국 중학교에서도 적응을 잘했고, 바이올린연주로 오케스트라단원이 되어 즐겁게 활동하기도 했다. 한국학생이 한 명도 없는 그곳 중학교에서 공부하면서도 최고 우등성적으로 매 학기마다 전교생이 모인 조회대에서 대표로 상을 탔다는 기쁜 소식이 전화로 전해오곤 했다. 한국에선 영어 학원도 다니지 않았던 손녀였는데 영어가 많이 늘었으며 꿈속에서도 영어로 대화한다고 했다. 딸네 집에 방문했을 때 1년마다 개최하는 큰 행사인 연주발표회가 있었는데 손녀는 '비탈리의 샤콘느'를 연주했다. 학생들과 참관한 부모님은 물론 할머니, 할아버지들까지 손녀의 연주에 감동하여 기립해서 박수를 치고 연주회를 마친 후 많은 이들이 다가와 손녀의 연주에 감동받았다고 엄지를 치켜세워 나까지 으쓱해져 흐뭇했던 기억이 어제 일처럼 생생하다.

손녀에겐 예술적 재능이 너무 많은 게 문제였을까. 자신의 길을 찾는데 시간이 걸렸다. 어린 나이에 길을 찾느라 넘어지고 헤매는 모습을 볼 때마다 참으로 마음이 아팠다. 그 아이의 발길을 밝은 전등으로 비춰주고 싶었다. 유난히 안타까운 순간이 있었기에 더더욱 그랬다. 그 어려운 순간, 순간마다 딸과 나는 나연이를 위해서 기도했다.

손녀가 가끔 작곡을 하여 들려주면 놀라울 정도로 감동적이었다. 그림 그리는데도 탁월하여 미술 전공으로 대학에 진학하였으나, 실제 공부하다 보니 그 길이 자신의 길이 아님을 깨닫고 중단했다. 손녀는 자신의 신념을 미술과 음악으로 실현하여 세상에 좋은 기여를 하고 싶어 했다. 그러나 음악과 미술만으로는 자신의 신념을 펼치기엔 역부족임을 깨닫고 다시 길을 찾았다. 아직도 가부장적인 사회현상, 소외계층에 대한 문제와 해결책에 관심이 많아서 공부 쪽으로 진로를 바꾸었다.

가족들이 모이면 토론하기를 좋아하고 사회와 정치에 관심이 많았다. 2024년 8월 21일에는 프레스센터에서 개최한 김대중 탄생 100주년 포럼 '격랑의 한반도, 대한민국의 길을 묻다'에 참석하기도 했다.

신이 주신 잠재적인 자신의 달란트를 찾고 자신의 신념을 위해 타협하지 않고 목표를 향해 달려 나간 결과로 나연이는 올 봄 마침내 세계 최고 명문대학인 LSE대학(런던 정경대학) 정치학과에 당당히 합격했다. 아직도 내 마음속엔 귀엽고 어린 손녀로 남아있는데 어느 사이 훌쩍 자라서 할머니의 말벗이 되어 주고, 내 수필집의 표지화를 그려주다니 대견하고 흐뭇하기만 하다.

먼 길 돌아서 자신에게 맞는 적성과 꿈을 찾은 손녀. 늦게 피는 꽃이 더 튼실하고 아름다울 것임을 믿는다. 넓은 세상에 나아가서 큰 꿈을 펼칠 나의 사랑스런 손녀. 이제 런던으로 떠나는 손녀 등 뒤로 소망하는 꿈을 이루어 빛나는 큰 별이 되길 바라는 기도를 보낸다.

5부

내가 읽은 명수필

유혜자 작가의 수필
「봄날 달밤에 그리운 과거를 회상하듯이」

— 2010년 『한국수필』 4월호 게재

　이번 호에서 유독 눈에 띄는 작품은 유혜자 작가의 음악에세이 「봄날 달밤에 그리운 과거를 회상하듯이 – '쇼팽의 피아노 협주곡 1번 e단조 작품 11'」이었다. 유혜자 작가는 이 글에서 쇼팽의 「피아노 협주곡 1번」의 주제 부분을 듣고 있노라면 유리 수반에서 자란 연둣빛 미나리 같은 그의 투명한 첫사랑이 느껴진다고 시작하고 있다. 이 곡이 지니고 있는 로맨틱하면서도 조용하고 쓸쓸함이 배어 있는 특징을 잘 묘사한 대목이다.

　쇼팽은 고향 바르샤바를 떠나면서 고별연주회를 준비했는데 사랑의 환상에 빠져서 이 곡을 작곡했으며 자신이 직접 피아노를 연주했다. 이 연주회에서 그의 첫사랑이자 음악학교 출신의 젊은 소프라노 콘스타치아가 카바티나를 노래해서 분위기를 돋우었다고 피력한다.

쇼팽은 문학적인 소질과 섬세한 성격으로 사랑과 우수에 찬 음악, 감상적이고 섬약한 음악만을 남길 수 있었을지도 모른다. 그러나 그는 조국 사랑이라는 굳센 뿌리가 있었기에 자신의 작품에 민족적인 정기를 담아 고통 속에 빠진 이들에게 사기를 높여주려고 했던 것 같다. 수반에 둔 미나리 같은 약함을 지닌 것은 아니었다. 달밤, 떠나온 조국을 사무치게 그리워하며 순수했던 어린 날을 회상했을 그의 모습을 떠올리게 한다.

― 유혜자 「봄날 달밤에 그리운 과거를 회상하듯이」 부분

필자는 서두에서 수반에서 자란 미나리의 연약함을 반전시키면서 쇼팽의 강인함을 부각시키고 있다. 폴란드에서는 탄생 2백주년을 맞아 '쇼팽의 해'로 음악사에 남긴 그의 창의력과 가치를 기린다고 안내하면서 다시금 그의 심장이 힘차게 뛸 수 있을까, 라며 결미를 맺고 있다.

오랜 시간 음악담당 PD로 활동하면서 얻어낸 필자의 음악적 지식과 감성이 녹아 있는 음악에세이집을 세 권이나 발간한 유혜자 작가. 음악에세이는 음악가의 전 생애와 그의 음악을 깊이 통찰하고 사랑해야만 쓸 수 있으리라. 은반 위를 구르는 듯한 피아노 선율과, 깊은 몽상에 젖어있는 쇼팽의 「피아노 협주곡 1번」

을 들으며 이 글을 맺는다.

수필에도 전문 분야를 쓰는 작가들이 많이 있다. 아름다운 음악과 감동적인 서사가 조화를 이루는 유혜자 수필가의 음악에세이가 기다려진다.

유혜자 작가는 1972년 『수필문학』으로 등단하였으며, 문화방송 라디오 PD, 방송위원회 심의위원을 역임하였고, 한국수필가협회 이사장을 역임했다.

한국문학상, 펜문학상을 수상했고, 저서로 『돌아오지 않는 메아리』, 『손의 온도』, 『오빠 생각과 아욱국』외 16권이 있다. 현재 『그린에세이』편집인으로 활동하고 있다.

작가는 2024년 '유혜자 수필문학상'을 제정, 운영하여 올해로 2회째 맞고 있으며 수필가들에게 귀감이 되는 분이다.

한인숙 작가의 수필
「보이지 않는 시간」

— 2010년 『한국수필』 7월호 게재

『한국수필』 7월호에서는 한인숙 작가의 수필 「보이지 않는 시간」을 선하여 초점을 맞추어 본다.

한인숙의 「보이지 않는 시간」은 문학 동인들과 함께 소록도와 남도 문학기행 길에 나섰는데, 소록도의 한센인 환우들의 고통을 '보이지 않는 시간'으로 승화시킨 기행체 수필이다.

작가는 자신에게 주어진 24시간을 사유하면서 "이순을 넘긴 초로의 자화상을 소록도 한센인들의 위문잔치 중에 만난다."라고 피력한다.

수학여행을 반납하고 봉사활동으로 이곳을 찾은 하남 고등학교 학생들이 환우들의 어깨와 다리를 주물러주며 거리낌 없이 봉사하는 천진한 모습에서 어른들이 흉내 내지 못하는, 고통을 함께하는 사랑의 진정성을 발견한다. 위문잔치에 초대된 80세의 환우 김용덕 할머니에 대한 따뜻한 시선을 보자.

두 손 두 발이 없고 시력까지 잃은 그녀가 휠체어에 의지한 채 무대에 올랐을 때 저 할머니가 무엇을 할 수 있을까하는 의구심이 들었다. 그녀는 노래를 시작하였다. '타향살이' 노래가 구슬프게 심금을 울리며 강당을 압도해 갔다. 손도 발도 그리고 시력까지 잃은 할머니의 목청은 살아있었다. 보이지 않는 그 많은 시간을 노래로 승화시키고 있었다.

— 한인숙 「보이지 않는 시간」 부분

결미에서 "소록도를 빛내주는 여름밤 하늘의 별빛은 처연하도록 영롱하게 빛나고 있었다. 앞으로도 얼마나 더 많은 인고의 세월들이 보이지 않는 그들의 시간 속에 남아 있을까?"라고 맺고 있다.

몇 십 년 동안 육신의 고통에 짓눌린 그들의 모습을 보며 아픔을 함께하는 필자의 따뜻함과 사유가 깃들어있는 기행체 수필이 돋보인다.

한인숙 작가는 2006년 『한국수필』로 등단했으며, 현 한국수필가 협회 한국문인협회, 백미문학 회원이며 수필집 『연못을 지고 가는 달팽이』, 시화집 『글 쓴 엄마, 그린 딸』이 있다.

한인숙 작가는 예기치 않은 발병(유방암 말기)으로 오랫동안 투병 생활하고 있으며, 강한 의지와 기도로 잘 극복하고 있다. 특히 2015년 11월, 서울대학병원에서 항암치료를 받으면서도 시를 쓰고 화가인 딸이 그림을 그린 시화집을 발간, 전시하여 환우들에게 큰 희망을 심어주기도 했다.

작가가 건강을 회복하여 계속 좋은 글을 쓰길 기도한다.

윤영남 작가의 수필
「숭늉」

— 2010년 『한국수필』 11월호 게재

　신작 수필 중 윤영남 작가의 「숭늉」은 대상에 대한 지속적인 사고와 깊이 있는 관찰, 묘사가 뛰어나며, 숭늉을 사람에 비유하여 형상화한 구성이 탄탄한 작품이다.
　"숭늉의 빛깔은 튀지 않는다" "숭늉 같은 사람은 자연스럽다" "숭늉 같은 사람은 자랑하지 않는다" 등 각 문단의 서두에 소제목을 제시한 다음 그에 대한 내용을 나선형 문장으로 표현한 두괄식 수필이다. 서두를 살펴보자.

　　숭늉의 빛깔은 튀지 않는다. 무색무취로 밋밋하다고 하겠지만, 그 무엇도 가미하지 않은 자기색깔이다. 어느 것도 닮으려거나 흉내를 내지 않은 채 따뜻한 체온으로 그 온기를 나타낼 뿐이다. 숭늉은 속사랑만으로 감동을 주는 진실함 그 자체다. 숭늉은 그냥 물로 누룽지를 우려내어 만들지만 맹물은 아니다. 그렇기에, 숭늉 같은 사람은 맹물 같은 사람이 결코 아니다. 꾸밈없이 소탈하고 속이 깊은 사람이며, 그 인품의 구수함이 느껴질 것이다. 마치 겉모습보다 속마음에 더 끌릴 때처럼.

— 윤영남 「숭늉」 부분

이어 "누룽지 없는 숭늉을 생각할 수 없듯 사건의 진행이나 생성과정이 중요하다"고 전제하면서 어떤 결과보다 과정이 더 중요하며 인격이 성숙되는 것도 시간과 절차가 필요하다고 피력하고 있다. 숭늉과 누룽지로 그치는 게 아니고 바로 삶의 철학까지 도출하는 작가의 필치가 대단하다. 나아가 숭늉을 좋아하면서 숭늉 같은 사람을 찾게 되고 동경의 대상이 되기까지 한다고 표현했다. 결미 구절을 음미해본다.

숭늉처럼 제대로 된 자기다움은 물에 물탄 것이 아니라, 나름대로 자기를 알고 자기의 길을 걸어가는 일이다. 낮음의 미학을 몸소 체험한 후, 겸양의 덕목을 갖추고 품을 수 있는 도량을 익힌 사람일 것이다. 그래서 나는 숭늉을 마실 때, 그 의미도 함께 가슴으로 마시게 된다. 언젠가 숭늉 같은 사람을 내 속에서 만나기 위해.

— 윤영남 「숭늉」 부분

작가는 스스로 숭늉 같은 사람이 되기를 갈망하면서 글을 맺고 있다. 숭늉같이 구수하고 넉넉한 사람, 만날수록 편안해지는 사람을 지향하며 내면화하고 형상화한 글로 오랫동안 갈고 닦은 글솜씨가 돋보이는 작품이다.

윤영남 작가는 『월간문학』으로 수필, 『좋은문학』으로 시로 등단했으며, 펜클럽, 한국문인협회 회원, 한국수필 공영이사이며 대표에세이, 시문회 회장을 역임했으며, 강동독서토론회 회장, 강동문인회 자문으로 활동하고 있다. 수필집 『또 하나의 시작을 위하여』, 시화집 『시와 수필』 외 다수 있다.

구활의 수필
「술은 노회한 사기꾼」

― 『수필과 비평』101호, 2010년 5,6월호 게재

『수필과 비평』 5,6월호 중, 초대수필을 쓴 구활의 「술은 노회한 사기꾼」이 유독 눈길을 끌었다. 술을 노회한 사기꾼으로 의인화한 제목부터 범상치 않다. 한자 사전에는 노회老獪란 "어떤 일에 경험經驗이 많아 의뭉하고 능란能爛함"이라고 풀이하고 있는데 이 글에서 술이 어떻게 노회한 사기꾼인지 자못 궁금했다.

요즘 수필계에서 "수필이 붓 가는 대로 쓰는 안이함에서 벗어나 새로운 변화를 시도해야 한다"는 목소리가 높다. 구활의 「술은 노회한 사기꾼」은 변화를 시도한 글 속에 자료와 정보를 용해시켜 독자에게 읽을거리를 주고, 풍자를 가미하여 감동과 재미가 있는 해학이 있는 작품이다. 우선 서두의 술 좋아하는 청년과 하나님과의 대화가 파격적이다.

　　술 좋아하는 청년이 저승에 갔다. 하나님이 사자의 명부

를 아무리 뒤져봐도 이름이 없었다. (중략) "자넨 실수로 온 거야. 다시 내려가게" 하나님은 미안한 마음이 앞서 "소원 한 가지만 말해 보게"라고 말했다. 비서진들의 실수로 이승으로 돌아오게 된 청년은 "해질녘에 석양주나 한두 잔 마시고 한 주에 두어 번 골프나 치게 해주십시오."라고 말했다. 그러자 "야, 이놈."하고 벼락이 떨어졌다. "그런 팔자로 살 수 있다면 내가 그 자리로 가지. 뭐 할 짓 없어 여기 죽치고 앉아 천당 갈 놈 지옥 갈 놈이나 가리고 있겠어."

— 구활 「술은 노회한 사기꾼」 부분

문인 오정의가 쓴 「칠경록」이란 글을 읽다가 항간에 떠도는 유머가 생각나 적었다는데 현대판 하나님으로 풍자한 유머가 기발할 정도로 재미있다.

다음으로는 술의 역사를 고전에서 찾고 있는데 『논어』 7편 '술이편' 안분지족의 삶을 소개하며 "분수를 알고 만족한 삶을 사는 이에겐 하나님도 천수를 누리게 하지만 가득 채워져 흘러 넘쳐도 항상 모자람 속에 사는 욕심쟁이에겐 주었던 수명마저 빼앗아버리기도 한다"고 일침을 가한다.

또한 "동서양의 문인 묵객들이 찬탄해 마지않는 술은 과연 어떤 물건인가"라고 전제하면서 「귀거래사」를 지었던 도연명도 동이에 가득한 술을 반겼고, 강에 배를 띄워 「적벽부」를 읊었던 소동파, 꽃밭에 앉아 달을 청해 술을 마셨던 이백도 술을 하늘같이 모신 주선酒仙들이라고 묘사한다.

술을 마시다 보면 대취로 넘어가고 그 한 잔을 마시지 않으면 무사 귀환할 수 있다는 술의 마력을 넌지시 제시하면서 옛 선비들의 술 마시는 법도를 안내한다.

> 봄 술은 정원에서, 여름에는 들에 나가서, 가을 술은 조각배 위에서 마시는 게 좋다. 엄격한 자리에선 천천히 유창하게 마시고, 속 편하게 마실 수 있는 술은 로맨틱하게 마시되, 슬픔의 술은 취하기 위해서 마셔라. (중략) 이런 법칙을 모르고 마시면 음주의 낙은 잃게 될 것이다.
> ― 구활 「술은 노회한 사기꾼」 부분

대단한 주법이다. 주법을 제시한 다음, 나선형 문장으로 "이런 법도를 정해 두었으면 응당 따라야하는 것이 선비의 도리이지만 이를 지키는 사람은 매우 드물었다"고 묘사하고 있다.

결미부분을 보자, 비로소 왜 술이 노회한 사기꾼인가를 피력하고 있다.

술수의 명인이자 찔러도 피 한 방울 흘리지 않았던 조조도 "인생은 아침이슬 같은 것, 술 마시고 노래하세. 근심을 잊게 하는 건 오직 술뿐일세"라고 읊었다. 사실 술은 무식한 신사 같지만 노회한 사기꾼이다. 사람의 몸 어딘가에 붙어 있는 마음을 자유자재로 떼어낼 수 있는 기술을 가진 술은 은근하고 여유롭게 변화무쌍한 술수를 부리는 재주꾼이다.

술을 노회한 사기꾼으로 규정짓지 않고 풍류에 이바지한 공로로 "사기꾼 만세!"라고 외치는 건 대단한 반전이다. 술을 소재로 해박하게 문인들의 풍류와 그 역사를 돌아보며 풍자와 유머와 해학을 표현한 멋진 작품을 만나는 건 큰 기쁨이었다.

이 글을 읽으면서 작고하신 친정아버지 모습이 떠올랐다. 워낙 술과 풍류를 즐기셨지만, 술 때문에 사업도 실패하시고 건강도 잃으셔서 60세에 일찍 돌아가셨다. 술이 원망스러워 술을 입에 대지도 않으리라 결심했는데 나에겐 다행히 술을 분해하는 요소가 없어서 술을 멀리 하고 있어 다행이다.

구활 작가는 1984년 『현대문학』으로 등단하였으며, 대구광역시 문화상, 신곡문학상 대상, 원종린 문학상 대상, 현대수필 문학상을 수상했으며, 저서로 수필집 『인상파 화가의 연인들』, 『괴짜들의 낭만과 풍류』, 『겨울 원두막』 외 15권이 있다.

임갑섭 작가의 수필집
『일상에서 찾는 즐거움』

　임갑섭 작가의 세 번째 수필집 『일상에서 찾는 즐거움』에 대한 추천사를 쓰게 되어 작품 한 편, 한 편을 음미하며 읽었다.

　2002년 임 작가를 처음 만났을 때, 이미 『선생님과 함께 한 이야기』란 수필집을 출간하였고, 매주 한 편씩의 글을 쓰고 있었다. 글을 쓰게 된 동기는 1990년 서을 창일초등학교 교장으로 부임한 뒤, 선생님들과 교육에 대한 공감대를 형성하고 소통을 원활하게 하기위해서 매일 업무 전에 글을 쓰면서였다.

　글에 대한 열정과 필력이 있는 작가에게 문단에 등단할 것을 권해 월간 『문학공간』을 통해서 수필가로 등단하게 되었다. 이 열정은 서울 서이초등학교에서도 계속되어 2004년 정년퇴임을 앞두고, 두 번째 수필집 『열정과 보람의 시간 속에서』를 엮었다. 작품을 쓰면 늘 함께 공유했기에 감히 작품 해설을 썼다.

세 번째 수필집 『일상에서 찾는 즐거움』은 수필작가로서의 진면목을 엿볼 수 있다. 일상에서 건져 올린 다양하고 진솔한 소재, 해학과 기지가 넘치는 소박한 문장, 행간에 스며있는 사유가 주제 의식과 잘 어울려 여운과 함축을 담고 있다. 또한 자연과 인간애를 근저에 깔고 교육과 문학을 하나로 아우르는 깊은 담론과 철학이 담겨있다.

이 수필집에 수록된 55편에 드러난 제재를 대별하면 고향과 자연, 인간관계, 교육, 사회, 행복론으로 구분할 수 있다.

1. 문학의 원천은 고향과 자연

일찍이 중국의 문필가 한유韓愈는 제자 맹동야를 보내며 쓴 글에서 "대범물부득기평즉명大凡物不得其平則鳴, 무릇 만물은 평정을 잃으면 울게 된다."고 했다. 늘 긍정적이고 스스로 행복하다고 자처하는 작가, 임갑섭 선생의 문학의 원류는 어디서 비롯됐을까? 유년시절 고향의 정서와 한학을 익힌 선친에게서 태동되었으리라 짐작이 된다.

> 마을 가장 높은 위치, 넓고 넓은 평야가 한눈에 내려다보이며, 산을 뒤로하고 할아버지께서 지으셨다는 큰집 대문간

아래 펼쳐지는 풍경은 세계에서 가장 빼어나다는 뉴질랜드 자연경치에 못지않을 만큼 아름다웠다. 강한 햇볕에 벼 이파리 짙어가는 진녹색의 평야, 그 사이 '갈지자'를 그리며 흐르는 파란 영산강, 넓은 들판 끝으로 이어지는 평화롭게 오순도순 모여 있던 동네. 더 멀리 펼쳐지는 아스라한 겹겹의 산들, 시시각각으로 변하는 파란 바탕의 하얀 뭉게구름, 서산에 해가 걸치면 마을 뒤로 줄지어 큰 키를 자랑하는 미루나무가 그림자를 마을 앞까지 길게 늘어뜨리던 한가한 농촌의 풍경은 절정을 이루듯 아름답기 그지없었다.

― 「뭉게구름 피어나는 고향」 부분

유년 시절 넓디넓은 들판과 영산강을 보며 키운 큰 꿈, 조무래기 친구들과 어울려 멱 감던 저수지, 송사리 쫓던 시냇물, 썰물로 물이 빠지면 하얀 속살을 드러낸 영산강 모래밭에서의 조개잡이, 토끼몰이 등 고향은 풍부한 감성과 서정을 듬뿍 키워주는 요람이었으리라 짐작이 된다. 고향의 정서와 추억을 그리움의 언어로 표출하기도 하고 때로는 절대고독으로 뿌리내려 쓰지 않고는 못 배기는 문학의 경지에 이르러 「고향추석의 추억」, 「우렁이 된장국의 추억」, 「가까이 온 봄」, 「술의 마력」, 「왜 이렇게 춥나」, 「나무들과의 대화」 등의 작품들을 탄생시켰다.

「술의 마력」의 결미에서는 "취흥이 가슴 속에 도도히 흐르다가도 변덕이 일어 늦은 밤이면 깊은 외로움이 마음 가득 밀려들기도 한다. 황야에 버려진 듯 슬픔에 겨워 눈물이 왈칵 흐르기도 한다."라고 표현하고 있다. 저 가슴 밑바닥에 내재되어 있는 절대고독, 깊은 감성이 오늘의 작가로 발돋움할 수 있게 한 계기가 아닐까 싶다.

「나무들과의 대화」에서는 "새벽잠이 깨어 커튼을 벗기면 정면으로 한 그루의 소나무가 나를 맞는다. 근자에 아침이면 이렇게 소나무와 첫인사를 하는 버릇이 생겼다. 소나무 역시 잠에서 깨어 나의 인사를 정답게 받아준다. 이놈들과 무언의 대화를 하면 세상사 시끄러운 번뇌에서 벗어나 마음이 편안해지고 행복감에 젖는다."라고 나무를 인간과 동일시하며 자연과 합일하는 작가의 따뜻한 마음을 읽을 수 있다.

2. 따뜻한 시선으로 사람을 보듬다

"글은 곧 그 사람이다."라고 했다. 수필은 자신의 체험을 바탕으로 하기에 더욱 그러하다. 따뜻한 시선으로 이웃을 살피고 어려움에 처한 이에게 손 내밀어 희망을 심어주는 작가이기에 인간애가 작품마다 면면히 스며있음을 발견할 수 있다. 「악수는 정을 담아서」의 결미를 잠깐 엿보기로 하자.

> 이왕 만나 반가워서 하는 악수라면 정성을 가득 담아서 해야 할 것 같다. 나는 추운 날이면 오른손을 주머니에 넣어 따뜻하게 덥혀 상대방에게 나의 온정을 전해 주려고 노력하고, 더운 날이면 손바닥에 혹 땀이라도 차 있지 않나 손을 닦고 정결하게 상대의 손을 잡는다. 어떤 분의 악수처럼 나는 당신을 존경하고 사랑한다는 마음을 진정으로 전하기 위해서 꼭 쥐어 준다. 악수를 할 때 내 눈은 상대방을 지긋이 응시해 내 진정성을 보여주려고 노력한다.
>
> ―「악수는 정을 담아서」 부분

악수를 하는데도 세심하게 배려하는 따뜻함, 신뢰와 사랑이 전해지도록 진정성을 강조하는 작가. 개사에 자신을 낮추며 겸손의 미덕을 생활화하고 있기에 「인간의 욕심」, 「베풀면 즐겁다」, 「동창회 단상」, 「오순도순」 등의 글에도 인간관계의 중요성을 잘 표출하고 있다.

「베풀면 즐겁다」에서는 "다만 다시 그 사람에게 필요하다는 데 있어 감사해하고 오히려 나에게 어떤 임무를 부여해준 데 고마워할 뿐이다. 내가 필요한 만큼 나름대로 방안을 협의해 주고,

길이 있다면 같이 노력해 주어왔다. 예쁘고 밉고 나쁘고 간에 또 누구이건 요청해 온다면 내 역량껏 힘써보려고 노력했다."고 역설하는 작가. 어려운 이들에게 늘 손잡아 주며 이타적인 삶을 살아온 따뜻한 면모를 엿볼 수 있는 대목이다.

3. 가족과 더불어 미학적 감성을 꿈꾸다

임갑섭 작가의 수필의 특징은 전통 문화예절에 바탕을 둔 인본사상을 익살스럽게 표현하는 데 있다. 금번 수필집에 부친의 한시 열여섯 편을 게재한 걸로 미루어 효심이 얼마나 지극한지를 헤아려볼 수 있다. 작가는 모든 행복의 시발점은 가족이라고 전제하며 가사 일에도 기꺼이 동참하는 모습을 묘사한「명절 도우미」,「목욕탕 물 나르기」,「시장소묘」등의 글 속에서 가족 사랑을 용해시켜 표현하고 있다.

「시장 소묘」서두에서 "토요일이나 일요일 등 모처럼 쉬는 시간이면 집사람에게 붙들려 시장에 종종 따라 나서게 된다. 내가 짐꾼으로 차출되는 것이다."라고 전제하면서 시장에서 겪는 여러 가지 에피소드들을 술회하고, 결미에서는 "짐꾼에 물건 값까지 떠넘기는 마누라가 조금은 얄밉지만 가정평화가 세계평화의 길이라 하지 않는가, 또한 마누라만 잘 먹자는 게 아니지 않은

가. 집사람을 차 옆 좌석에 앉히고 콧노래를 부르며 집으로 향한다."라고 익살스럽게 표현하고 있다.

또한 2남 1녀, 3남매를 훌륭히 성장시켰음에도 「부실한 자식교육」이라고 자성하는 글을 쓰고 있다. 작가는 자녀들의 성공적인 학업 수행을 위해서 몰아붙이기 일쑤였고 그들의 고뇌나 아픔을 함께 하지 못했다는 뒤늦은 후회와 성찰을 통해서 작가의 진한 부성애父性愛를 나타냈다.

「눈에 넣어도 아프지 않는 손주들」, 「글로벌 시대의 돌잔치」에서는 외손녀와 친손녀, 손자에 대한 각별한 애정이 듬뿍 담긴 글을 만날 수 있으며, 「며느리의 도리」에서는 점차 핵가족화 되어가는 현실에서 며느리들의 책무와 도리가 얼마나 중요한지 역설하고 있다.

4. 문학은 사회의 모순을 일깨우는 도구

"문학이란 끊임없이 인간을 탐구하고 발견하는 일로 사회의 모순을 인식하는 기능을 가져야만 진정한 가치가 있다"고 했다. 작가는 교육이나 우리 사회 문제에 대해서 신랄하게 비판하면서 미래상을 제시하기도 한다.

「헬리콥터 맘」이란 작품에서는 "이 신조어는 헬리콥터처럼 자녀의 주위를 맴돌며 매사를 간섭하는 어머니의 별칭이란다. 즉 모든 일을 어머니가 알아서 잘해줘 자녀를 만년 어린애로 키우고 있는 어머니다. 이런 자식들은 장가가서 아들 만드는 일까지도 어머니에게 물어야 할 것이다. 엄마들의 지나친 정성이 성인이 되어도 혼자서는 아무것도 할 수 없는 어른아이로 키우는 게 아닐까."라고 날카롭게 비판하고 있다. 자신 또한 성인이 다 된 자녀들의 용돈 관리까지 했노라고 자성하면서 취직하지 못한 40이 가까운 자식까지 매일 용돈 챙기는 우리 부모들은 각성해야 할 것이라고 일침을 가하기도 한다.

　오늘의 교육 현실을 걱정하며 미래 교육의 패러다임을 제시한 글들이 돋보인다. 「자식, 어떻게 길러야 할 것인가?」, 「자식은 애물단지인가, 울타리인가?」, 「자식의 행복보다는 성공에 집착하는 부모들」, 「이대로 학교교육 괜찮은가?」, 「체벌 전면금지 교육을 하자는 것인가?」, 「공교육 이기는 길은 교사에 있다」, 「학교장의 리더십」, 「훌륭한 학교운영은?」 등은 작가가 평생을 교육에 헌신하면서 느꼈던 문제점들을 과감하게 피력하면서 비전을 제시한 작품들이다.

5. 겸허謙虛와 배려의 사상

임갑섭 선생의 문학사상의 중심은 겸허와 배려, 스스로를 비우고 낮추며 자신보다는 타인을 배려하는 데 있다. 비움과 배려는 이 작가에게 만족이며 행복이다. 과유불급過猶不及의 삶을 체득한 바탕에는 한학의 가문에서 성장한 삶의 철학과도 관련이 깊다고 볼 수 있다.

「가까이 온 봄」의 한 구절, "오늘도 부질없는 욕심을 비우려고 노력하면서, 집 가까이 우면산 정상에 올라 정성스럽게 쌓은 돌탑인 소망탑에 서울교육의 발전과 학생교육에 애쓰시는 선생님들의 안녕을 빌고 또 빈다."라고 피력하고 있다.

「선거불참 결심까지」에서는 두 번째 교육위원 선거를 앞두고 장고를 거듭한 결과 불참하기로 했고 스스로 잘한 일이라고 다음과 같이 묘사하고 있다. "내세울 것 하나도 없는 나란 사람이 서울 초등학교 교사로서 시작해 교감, 교장도 거치고, 여러 분야의 교육행정업무도 골고루 역임해 보았으며 또한 장장 40년 넘게 큰 결함 없이 무사히 퇴직하고서, 교육위원으로 당선되었고, 더욱이 서울특별시교육위원회의장이며 전국 교육위원협의회 회장직이란 거창한 직함까지 갖게 되었으니 운이 있다면 운수대통이며, 과분한 영광이 아닐 수 없다는 생각에 이르게 되었으며, 더 이상을 바라는 것은 과욕이다."라고 담담하게 술회하고 있다.

그 직에 오르기까지 또한 업무수행과정에서 집념과 창의력을 발휘하면서 스스로를 담금질하는 절차탁마切磋琢磨의 결실임이 확실한데도 스스로를 낮추며 감사하는 자세, 물러날 때가 언제인가를 아는 현명함. 바로 임 작가의 과유불급이란 철학이 바탕이 되어 비움으로 꽃피운 결실일 것이다.

6. 낮은 데서 찾는 행복론

도대체 행복이란 무엇일까? 임갑섭 작가는 이미 겸허함으로, 소통으로, 과유불급의 생활철학으로, 내 가족의 평안과 이웃과의 올바른 인간관계가 행복의 지름길이라고 피력했다. 그런 맥락에서 쓴 수필「클로버를 노래하며」에는 작가의 행복론이 잘 집약되어 있다.

> 내 스스로 행복해하는 내 삶에 있어 클로버를 늘 연상하곤 한다. 고향 어린 날은 클로버와 더불어 살았다. 클로버 넓은 밭에서 뒹굴었으며, 소꿉놀이 친구에게 클로버 꽃반지며, 꽃시계를 채워주면서 즐거워했다. 또한 클로버 넓게 펼

쳐져 있는 들판에 무수히 촘촘히 피어있는 하얀 클로버 꽃은 밤하늘에 뿌려놓은 별과도 같아서 좋았다. 클로버 꽃은 행복을 상징하고 특히 네잎 클로버는 행운을 가져다준다고 한다. 클로버는 생명력이 왕성하다. 아무리 밟아도 다시 일어서며, 뽑아내고 뽑아내도 다시 무성히 자란다. 클로버의 겸손함이 좋다. 나무 밑이며, 땅에 딱 엎드려 잘난 체 하지 않고 자란다. 클로버의 나서지 않는 낮춤이 좋고, 끈질긴 생명력이 좋다.

― 「클로버를 노래하며」 부분

작가는 유년시절 고향의 들판에 지천으로 깔려있던 클로버와의 아름다운 추억을 떠올리며 클로버의 끈질긴 생명력, 잘난 체 하지 않는 겸손함이 좋다고 예찬하며 자신을 닮은 풀꽃에게서 행복론을 추론해내고 있다.

임갑섭 작가의 수필에는 일상에 대한 긍정적인 시각과 진솔함, 사람답게 사는 지혜와 철학이 담겨있다. 작가는 그것을 소박한 문장과 돋보이는 해학과 기지로 표현하고 있다. 교육에 대한 깊은 애정을 지니고 있는 작가는 때로 사자후獅子吼처럼 날카롭게 비판하며 대안을 제시하기도 한다. 이는 앞으로의 교육에 큰 귀감이 되리라 믿는다. 특히 부친의 한시 「남산상춘南山賞春」을 비롯한 열다섯 편의 시는 이후로 더욱 깊이 음미해 볼 가치가 있는 작품으로 남겨질 것이다.

  교직에서 은퇴한 후에도 「임갑섭 칼럼」이란 플랫폼을 만들어 매주 한편씩 글을 올리고 있는 임 작가의 필력과 글쓰기를 일상화하는 열정이 부럽다. 끝으로 공적인 삶에서 이룰 것 다 이룬 수필가 임갑섭 선생이 더욱 건필 하여 정예작가로서 수필문학의 새로운 지평을 열어 가기를 기원한다.

작품해설

목련과 소나무를 동경하는 작가의 초상
- 박상주 제3 수필집 『숲 너머 저쪽』

임헌영 (문학평론가)

1. 백조를 기다리는 잔잔한 호수

 인간에게 만물의 영장萬物之靈長이라거나, 만물의 척도(프로타고라스)라는 고귀한 품성을 금과옥조로 삼았던 건 어쩌면 그 하잘 것 없는 존재의 본질을 은폐하기 위한 방편이었는지도 모른다. 그래서 블레즈 파스칼은 『팡세Pensées, Thoughts』에서 인간의 실체를 까놓고 이렇게 말한다.

> 인간이란 도대체 괴물 같은 것이 아닌가? 진기하기 이를 데 없고, 무슨 괴물, 무슨 혼돈, 무슨 모순에 가득 찬 것 등이 무슨 놀라운 일인가? 모든 것의 심판자이면서도, 어리석

은 흙 속의 지렁이에 불과한 것, 진리를 맡은 자이면서도 불확실한 오류의 시궁창, 우주의 영광이면서, 우주의 쓰레기이다.

—『팡세』, 홍순민 역, 삼성세계사상 10권, 196쪽

맙소사, '우주의 쓰레기'라니. 너무 서운하게 여기지 말지니, 먼지에서 태어나 먼지로 사라진다거나, 한 조각구름처럼 사라진다는 멋진 표현부터 아예 인간을 일컬어 '구더기 밥'(카잔차키스)이라고도 일침하지 않았던가.

틀린 말도 아니다. 그러나 찬찬히 따져보면 인생살이가 딱히 그런 것만은 아니기도 하다. 인간이 한갓 구더기 밥의 처지를 면하기 위해서는 사람답게 살아야 할 터이다. 사람답게 살 수 있는 예지를 롱펠로(Henry Wadsworth Longfellow, 1807–1882)는 「인생 찬가 A PSALM OF LIFE」에서 이렇게 노래했다.

1. 인생은 한낱 헛된 꿈이라고/ 내게 슬픈 노랠랑 부르지 말라!/ 잠자는 영혼은 죽은 영혼/ 사물은 보기와는 다른 것.(Tell me not, in mournful numbers,/ Life is but an empty dream!/ For the soul is dead that slumbers,/ And things are not what they seem)

2. 인생은 참된 것! 인생은 진지한 것!(Life is real! Life is earnest!)/ 무덤만이 그 목표는 아니어라./ 그대 흙이니 흙으로 돌아가리라는 것은/ 우리 영혼을 두고 한 말이 아니리라.//(중략)

6. 아무리 즐거움 있을지라도 미래를 믿지 말라!/ 죽은 과거는 그만 묻어 버려라!/ 그리고 행동하라 ─살아있는 현재를 위하여 실행하라./ 안으론 젊은 가슴이 있고 위로는 하느님이 계시니.(Trust no Future, howe'er pleasant! / Let the dead Past bury its dead!/ Act, ─act in the living Present! / Heart within, and God o'erhead!)

─『롱펠로 시집』, 윤삼하 옮김, 범우문고, 1991

바로 작가 박상주의 인생관과 문학관을 그대로 대변해 준 명시다. 박 작가의 작품세계와 삶의 범주란 백조(하느님, 행복, 성취)를 기다리는 고요한 호수처럼 명경지수明鏡止水의 경지다. 그 호수는 험산이 아닌 온화한 수묵화 같은 부드러운 곡선의 봉우리에 둘러싸인 곳에 다소곳이 고운 자태로 정좌한 데다 바로 그 산자락엔 단아한 별장식 초옥이 화룡점정畵龍點睛을 찍고 있다. 너무 넓지 않은 화원에는 목련과 소나무가 그 자태를 뽐내지는 않지만 정경을 더욱 돋보이게 해주며, 화사한 모란도 그 풍광을 더욱 빛내 준다. 어디 꽃만이랴. 드문드문 사과나무도 열매를 달고 있다.

왜 하필 호수가 산자락에 있는가에 대해서는 「산이 좋아서」에서 싱그러운 숲길을 걷다 보니 마음은 날아갈 듯싶었다면서 이렇게 말한다.

> 나무와 풀, 새와 바람, 또한 사람까지 한껏 품어주는 넉넉한 산, 아직도 많은 것을 움켜쥐고 있는 나에게 그만 내려놓고 나를 닮아보라고 일러주는 산. 홀로 걷는 것도 좋지만 친구들과 더불어 걷는 산길은 더욱 좋다.
> ―「산이 좋아서」 부분

2. 영혼의 십승지十勝地에서의 미학관 쌓기

이런 작품세계를 호수처럼 변함없이 일관해 온 박 작가와의 인연을 깊게 맺어준 곳은 현대백화점 무역센터점 문화센터였다. 내가 그곳에 '명작을 통한 세상읽기'와 '생활글 수필창작' 강의를 시작한 게 1996년인데, 박 작가가 이 강좌에 참여한 건 2002년 9월부터였다. 초등학교 교장(1999~2002)을 지낸 박 작가는 이미 월간 『한국수필』(당시 발행인 조경희)을 통해 수필가로 등단,

첫 작품집 『비상을 꿈꾸며』(2002. 2)를 낸 명성을 가진 처지였다. 뿐만 아니라 박 작가는 교사로 재직 때인 1997년 9월, 교사 작가들의 동인이었던 백미((白 眉)문학 동인(회장 고 심영구 작가)에 가입하여 열심히 창작에 전념해 온 터였다. 이 문학회가 바탕이 되어 결성된 게 서울문예창작연구회였는데, 박 작가는 교장으로 승진(1999)하면서 그 회장을 맡아 하계, 동계방학 때마다 저명 문인들(황금찬, 정연희, 허세욱, 임헌영 등)을 초청해 특강을 여는 한편 문학기행(이효석 생가, 박경리 토지문학공원, 단종, 정약용, 허난설헌의 묘지, 김삿갓 시비 등)도 병행했다. (『'백미', 그 행복한 동행』 및 작가의 등단 전후는 「내 문학의 뿌리」에 잘 나타남). 이 기행들은 박 작가로 하여금 거의 다 쌈빡한 기행문으로 승화되어 몇몇 작품은 이 수필집에 실려 있다.

　탄탄한 경력의 박 작가가 현대백화점 무역센터점 문화센터의 내 강좌에 문을 두드렸을 때는 그곳이 가히 르네상스를 맞은 듯했다. 최연장자로 인촌 김성수의 막역지기에다 이승만 정권 때 제2대 전북도지사를 지낸 독립유공자(장현식)의 영애 장수원이 당시 무역센터 최고령자였다. 이육사의 형으로 당대 최고 평론가였던 이원조를 비롯해 노천명, 조경희 등과 학창시절부터 가까이 지냈다는 장수원 작가는 『들꽃 추억』을 남기고 2009년 작고했다. 그 뒤를 이어 『동아일보』의 명 기자로 수주 변영로의 술

단짝이었던 탓에 온갖 비화를 두루 꿰고 있었던 아버지의 고명 따님이었던 박기숙(생존) 작가, 그 바로 아래 연배로 한국산문 창립 이래 명문장가의 메달 급에 들어가는 명수필집 『검불랑 내 사랑』(2008)의 홍도숙(생존), 공군참모총장 부인으로 천하의 요조숙녀로 작품집 『하늘, 그리움이여』(2007)를 남긴 박순우(작고) 작가 등등이 공존했던 때였다.

박상주 작가는 한국산문에 등장하면서 바로 일약 스타로 떠올라 월간 『한국산문』(초대 발행인 윤형두)의 제2대 발행인(2008~2010)이 되었다. 『한국산문』 창간 전후부터 30여 년간 숱한 작가들과 임원, 회원들을 겪어오면서 나는 현재까지도 가장 훌륭한 인간미 있는 작가라면 서슴지 않고 감히 박상주 작가를 엄지척한다. 나와의 관계와 박 작가의 두 번째 수필집 『멘토를 찾아서』(2009)에 대해서는 「내 문학의 멘토」에 자상하게 그려져 있다. 박 작가는 분쟁이 끊이지 않는 문학단체를 이끌면서 단 한 번도 다투거나 화를 낸 적이 없다. 박 작가는 틈만 나면 모든 지인들에게 『한국산문』 정기구독을 권유하느라 여념이 없었기에 그 부수가 가히 수 백부에 이르러 현재까지도 그 기록을 깬 회원이 없을 정도다. 이런 품성이 어떻게 형상되었는가를 찬찬히 파고들다가 이번 수필집에서 그 실마리를 찾았다.

그 첫 열쇠가 바로 「내 마음의 고요」다. 박 작가가 "중학교 1학년 국어 시간에 맨 처음 만났던 시"가 김광섭(金珖燮, 1905~1977)의 명시 「마음」이었다. 이 시로 박 작가는 일생을 마음 다지기의 좌우명을 삼았는데, 그 끝 구절이 "행여 백조가 오는 날/ 이 물가 어지러울까/ 나는 밤마다 꿈을 덮노라"이다. 이 물가란 바로 잔잔한 호수다. 그래서 나는 박 작가의 작품세계가 백조를 기다리는 잔잔한 호수라고 축약했다.

이만한 작가라면 독자 누구나 그 아늑한 산기슭의 단아한 별장식 초옥을 찾아 하룻밤을 함께 보내고 싶지 않는가. 그래서 목련과 소나무의 향과 아름다움에 심취하고 싶지 않을까. 이제 그 초옥으로 들어가 보자.

이 호수야말로 박상주 작가의 영혼의 십승지十勝地로서 탄탄한 인생관과 문학관을 다진 존재의 안식처다. 박 작가에게 인생관과 문학관이란 바로 이 고요한 호수에서 창출된 한유(韓愈, 768~824, 당송 8대가의 일인)의 "대범물부득기평즉명大凡物不得其平則鳴, 무릇 존재가 그 평안을 얻지 못하면 울게 된다."라는 한 구절에서 연유했다. 한퇴지가 절친이었던 「맹동야를 보내면서」란 희대의 명문의 첫 구절이 바로 이 절창이다. 「내 발에 맞는 신」에서 작가는 자신의 문학관을 생생하게 기록했다.

여기서 주시할 점은 물物에 대한 풀이다. 흔히들 사물 혹은 만물이라고들 하지만 나로서는 모든 우주 삼라만상 일체의 존재

(thing이 아닌 being. 무생물과 생물 일체 포함)로 해석해야 된다고 본다. 그 아래의 평平 역시 평안만이 아닌 평등, 평화, 평온. 평정에다 화평, 태평 형평 등등 평자가 지닌 내포와 외연의 모든 의미를 아우르는 것이다.

  따라서 모든 존재는 물리적으로나 화학적으로 그 평을 얻지 못하면 소리를 내게 되고, 그 소리는 불평으로 생겼기에 운다[鳴]는 것이 이 구절의 뜻이다. 그래서 잔잔한 호수조차 평을 얻은 상태에서는 고요하지만 바람이 세차게 불면 물결이 사나워져 소리(울음)를 내게 된다는 것이다. 그 울음이 곧 문학이요 음악이며 미술이고 연희로 승화된다는 것이 한유의 이 글 전체의 요약이다. 따라서 모든 예술이란 영혼의 치유제로 창작의 마음가짐은 항상 평을 얻은 상태여야 한다. 아무리 세찬 바람이나 불길처럼 슬프고 화가 나서 물결에 격랑을 일으켜도 창작자는 의연히 그걸 진정시켜 고요한 호수로 변화시킬 마력을 가져야만 한다는 논리이기도 하다. 이런 고요한 호수야말로 어떤 상처받은 영혼인 트라우마도 능히 치유할 수 있는 권능을 가졌음을 보여준 작품들이 찬연하여 「절망 속에서 틔운 싹」, 「희망을 심는 글쟁이」, 「질그릇 닮은 그녀」 등등에서 생생하게 감지할 수 있다. 만년의 박 작가가 정신 장애인들을 상대로 창작 강좌를 하면서 체험했던 사실들을 그대로 실록 보고문처럼 쓴 이 일련의 작품들은 필독할 만하다.

　박상주 작가는 언제나 고요한 호수처럼 평정심을 유지하는 득도의 경지에 이르게 된 것이다. 내가 이 작가를 존경하는 이유는 바로 이런 항심恒心으로 충만해 있기 때문이다. 이런 박 작가의 문학관 내지 수필관에 대해서는 「수필문학의 꽃을 피우려면」에서도 읽을 수 있다.

　항심을 지닌 박 작가에게 대체 목련은 무엇이기에 이 호숫가에 심었을까에 대한 해답은 「목련을 마주하며」에서 찾을 수 있다.

　"해마다 4월이 오면 "목련꽃 그늘 아래서 베르테르의 편질 읽노라…." 고등학교 시절, 친구들과 함께 「4월의 노래」를 부르며 문학과 종교와 철학을 논하던 그 시절을 소환하곤 한다. 끝 구절 "돌아온 4월은 생명의 등불을 밝혀 든다/ 빛나는 꿈의 계절아/ 눈물어린 무지개 계절아."를 부를 즈음엔 눈물이 핑 돈다."는 박 작가.

　　20대 젊은 시절, 내게 "순백의 목련을 닮았으니 영혼이 아름다운 시인이 되라"며 시집과 철학서적을 깊이 읽으면서 시를 써 보라고 자신의 책을 내어주며 격려해주던 이가 있었다. 내 닉네임을 목련으로 부르며 어느 4월의 편지엔 "목련에게. 하릴없이 4월을 보내고 말았네…"로 시작하던 그. 시인의 꿈도 첫사랑의 결실도 이루지 못했기에 한동안 목련을 마주하는 마음은 더욱 애틋했는지도 모른다.

—「목련을 마주하며」부분

목련이란 박 작가에게 소녀 시절부터 지녔던 추억이자 꿈이면서 그 꿈을 이뤘던 행복이고 지금 당장 만년의 삶을 풍요롭게 해주는 원동력에 다름 아니다.

호숫가에 소나무는 왜 심었을까에 대해서는 「숲 너머 저쪽」에서 생활 현장에 밀착한 추억담으로 그리고 있다. "고향집 뒷산에는 수령이 몇 백 년이나 됐음직한 잘생긴 아름드리 소나무들이 숲을 이루고 있었다. 나는 학교에서 돌아오면 소나무 숲에 들어가서 돗자리를 깔고 앉아 공부도 하고, 독서도 하곤 했다."라는 추억담부터, "아버지는 솔숲을 좋아하는 나에게 '그리도 소나무가 좋은고? 소나무처럼 올곧은 사람이 되거라.'고 하셨다. 나도 닮고 싶었다. 청청한 소나무를 닮아 한결같기를, 의지가 강한 사람이 되어 꿈을 이루리라고 되뇌곤 했다."라는 결기를 길러준 게 소나무의 생활철학이었다.

작가는 이 소나무와의 인연을 "내 꿈을 키워주던 그리운 솔숲, 유년시절 고향의 솔숲은 어머니처럼 나를 품어준, 나의 놀이터였고 휴식처였다면, 이제 나이 들어 만난 솔숲은 나를 돌아보는 사색의 시간을 갖게 하고, 참나(眞我)를 만나 성찰하며 사유하는 보물 같은 공간이다."라고 하며, 소나무가 일깨워준 "내면의 소리에 깊이 귀 기울여 보라고, 자신에게 솔직하라고, 침묵의 언어를 배우라고."라는 묵언을 듣는 경지에 이르렀다.

> 내 마음이 들려주는 소리에 귀 기울이며 내 인생의 가을걷이를 어떻게 해야 할지 깊이 사유해 봐야겠다. 바람이 분다. 솔잎이 파르르 떨면서 솔바람 소리가 난다. 소나무 아래 수북하게 쌓인 누런 솔잎들을 밟으니, 융단을 밟는 것처럼 푹신푹신한 감촉이 더할 나위 없이 좋다. 나는 오늘도 솔바람, 솔향, 솔빛에 취해서 걷고 또 걷는다.
>
> ―「숲 너머 저쪽」 부분

박 작가의 화원에 모란이 심어진 사연은 국민 애송시 급인 김영랑의 「모란이 피기까지는」이 소녀 시절부터 모든 소망의 상징으로 자리 잡았다가 인생 후반기의 절절한 체험으로 잊을 수 없는 꽃으로 승화되었기 때문이다.

작품 「모란이 필 무렵」에서 작가는 고위공직을 지낸 부군과 여로에서 보았던 그 행복했던 추억의 상징으로서의 꽃으로 그려

내면서도 끝내 지고 만 모란처럼 『하늘 등대』란 글 모음집을 남긴 채 세상을 하직한 영이별의 상처까지 함께 담아내고 있다. 부군에 대해서는 「노을이 보이는 집」과 「벼랑 끝에서 펴낸 『하늘 등대』」에서도 소상하게 다루고 있다.

이제 마지막으로 사과나무를 심은 사연은 「아낌없이 주는 나무, 나의 어머니」를 통해 알 수 있듯이 영원한 모성애를 찬양하기 위해서이다.

이 수필집을 통독하노라면 모든 어머니들은 사과나무임을 절감케 된다. 그 모성은 비단 자기 자식 만에 대한 편애가 아니라 많은 지인들과 이웃부터 전 인류애로 뻗어가는 위대한 평화애호임을 읽게 된다.

특히 박 작가가 인생 후반기에 헌신했던 정신 장애인 글쓰기 지도를 하면서 맺어진 인연을 그린 글들도 이런 인간 사랑이 묻어난다. 스승이었던 작가답게 제자들과의 재회를 다룬 작품들인 「34년만의 해후」, 「글로 다시 만나다」, 「친구가 된 제자들」 등도 주시해 주기 바란다. 그리고 인생 제3의 동반자들인 글벗을 비롯한 여러 벗들에 대한 사랑이 듬뿍 담긴 작품 「아름다운 인연」과 「아주 특별한 선물」 등등, 지상에서 가장 소중한 가족애를 다룬 「내 삶의 쉼표」, 「험한 세상 다리가 되어」, 「큰 꿈꾸는 별, 나의 손녀」 등등을 간과하지 말자.

자, 이만하면 1박 2일로 박상주 작가의 호수 나들이로는 풍족하지 않을까. 바라건대, 이 수필집 출간을 계기로 이제 인생 황혼을 건강하시고 그간에 쌓아 오신 공덕으로 만복을 누리시기를 빈다.

숲 너머 저쪽

초판1쇄 발행 2025년 11월 26일

지은이 | 박상주
펴낸이 | 임길순
펴낸곳 | 한국산문

편 집 | 김미원
디자인 | 정보라

등 록 | 제2013-000054호
주 소 | (우 03131) 서울특별시 종로구 율곡로6길 36, 207호, 208호
전 화 | 02-707-3071   팩스 | 02-707-3072
이메일 | koreaessay@hanmail.net

ISBN 979-11-94015-17-8 (03810)
ⓒ 박상주, 2025

값 17,000원

* 이 책 내용의 전부 또는 일부를 재사용하시려면 저작권자와 한국산문의
  동의를 받아야 합니다.